目录

创新的族谱
以色列新兴产业的演进

[以] 伊斯雷尔·德罗里 Israel Drori   塞缪尔·埃利斯 Shmuel Ellis   祖尔·夏皮拉 Zur Shapira ◎ 著

龚雅静◎译

上海社会科学院出版社
SHANGHAI ACADEMY OF SOCIAL SCIENCES PRESS

上海犹太研究中心
CENTER FOR JEWISH STUDIES SHANGHAI

丛书编委会

插图列表

图

前言和感谢

　　以色列的高技术产业极富活力,30多年来它都是以色列经济发展的引擎。该产业的特色是明显的企业家创业文化,这源于两个互相关联的因素:遗产和需要。也就是说,它的特色一方面是善于创造、创新和即兴创作的遗产,一方面是建设一个新国家并确保它生存的需要。探求高技术产业成功的原因使许多人相信,在自然资源匮乏之处,假如能引发国家及其人民参与更深层的转型,那么,这也算得上是一种美德。把国家从头建设起来也使一些人相信人类有能力通过社会实验来驱动社会和经济。就好像"创新的可能"正崭露头角;不足变成了优势。

　　解剖以色列高技术产业成功背后的原因也必须先解释其企业文化,这一文化的特征是工作主动性很强的、经验丰富的、有创新意识的劳动力,政府从经济和体制层面给予他们充分的支持,用以企业研发和制造。例如,世界上大多数技术领军企业,如IBM、因特尔(Intel)、微软(Microsoft)和摩托罗拉(Motorola),都在以色列设立了研发中心。以色列高技术产业也得益于一个强大的风投资本产业,它是任何一个新产业的"生命之源"。而且,在纳斯达克上市的以色列技术公司数量比北美之外的任何一个国家都多。因此,以色列高技术产业的深度和广度为其与日俱增的创业活动提供了坚实的基础和土壤。

以色列国内对互联网前景大肆宣传,《红鲱鱼》(*Red Herring*)是这样表述的:

> 以前,当你抵达以色列,一下飞机,迎接你的就是热情的犹太复国主义者,他们时刻准备和你分享那些粗犷的、激进的理想主义。现在,当你步下飞机时,映入眼帘的是一个巨大的手机雕塑。"欢迎来到新犹太复国主义者的梦想国度。欢迎来到以色列的'硅溪'(Silicon Wadi,即特拉维夫高科技带)。"(《红鲱鱼》,2000年9月)

以色列最近的历史之路是转型之路、适应之路。这正是促使我们写本书的原因,本书从历史角度进行分析,剖析以色列创业创新领域的演进。我们聚焦信息技术通信(ITC)领域。当我们审视该领域的演进时,我们发现它是扎根于国家历史遗产中的。正因为以色列把目光投向全球市场,经济才得以实现如此辉煌的腾飞。

我们按照族谱的框架来分析该领域的发展,承认初期社会、政治和经济条件在决定产业演进时发挥了重要角色。我们认为,社会结构和体制支持这两个彼此依赖的因素促进了以色列高技术产业的演化进程,并最终取得世人瞩目的成就。这些特征使以色列的信息技术通信领域利用了全球机遇,为那些富有拓荒精神的先锋们提供了开发技术和服务的良机。

本书旨在提供一个综合的解释,通过具有高度创新精神的历史—族谱方法,来说明以色列现代通信技术产业的演进过程。这一方法有助于我们追踪某一族谱创建母体时的初期条件。相应地,这些初期条件影响了公司派生新企业的方法,不仅塑造了族谱演化轨迹,同时也影响其结构。这一方法同时也提供了一个新的视角,让我们正视代与代之间的动力,进一步解释新兴产业和公司的演化富有活力。而且,通过聚焦族谱演进,我们得以从经验主义的角度追踪和新企业创建过程相关的特点,比如沿多重代相传的出生源头,这一起源影响了整个族谱的效能。我们的族谱分析法聚焦多样化的以色列信息技术通信公司的祖先起源和代与代之间的演进。同时,我们的方法也重点关注演进释放力量的方法。正是这种力量塑造了产业的出现和成长,包括企业的竞争力优势。

信息技术通信产业的历史演进和那些个体企业家是互相交织在一起的。这些勇敢的先锋队员们能够调动国家的特殊资源、人力资本和文化多样性。这些能力促使以色列高技术产业的许多学者把产业的成功归功于其社会网络的本质。在本书中,我们在此基础上再深入一步,试图理解产业发展的动力。我们希望提供一个全新的视角,把过去与现在相结合,并对未来给出预测。我们分析产业先锋队们在何种条件下运作创业企业,并且追踪他们的族谱轨迹。我们剖析公司创建过程,建立它与母体公司的家族关系。同时,我们为读者提供一个完整的对产业演进动力的解释。我们试图回答那些被众多调查者提到的问题:创业企业的遗产和文化如何变得强大,使得其在企业创建、产业创新上的"DNA",能保持代代相传的持续增长?

我们也试图回答新的富有活力的产业来自哪里,是什么决定了产业内创业者获得最初的成功。鉴于这类产业往往吸引大额投资,因此涉及风险和不确定性。也正因为如此,对这些问题的研究至关重要。族谱分析法的重要性在于它有助于追踪产业从早期出现至成熟的演进进程。我们希望通过理解以色列高技术产业族谱出现的机制和动力,对正在寻求创建并发展新技术产业的企业家、决策者和管理者提供启迪。

本研究受到了以色列科学基金会(批准号:1545/08)的支持。我们对以下提供资金支持的机构表示感谢:Tel Aviv 大学 Henry Crown 商业研究院、管理学术研究大学商业与研究权威学院、Stern 商学院 William R. Berkley 企业研究中心。我们也非常感谢 Diane Burton 和 Brent Goldfarb 富有见地的评语。我们也感谢以下人员给我们提出的建议：Joel Baum、Uri Bialer、John Carroll、Gino Cattani、Christina Fang、Moshe Farjoun、Avi Fiegenbaum、Steven Klepper、Joe Lampel、Robert Salomon、Rosemarie Ziedonis 和 Ezra Zuckerman。他们仔细审阅了我们研究项目中所撰写的各版本论文。我们感谢那些认真帮着收集数据并构建族谱的学生：Alon Gazit、Neta Kamin、Oren Ne'eman、Ayelet Noff、Snait Raz、Tali Stierler、於思雨、Gidon Zundelevich 和 Shir Zur。没有上述人员的帮助，要完成这个项目是十分困难的。我们尤其对于以色列高技术产业的创建者们，及追求自身愿景的男男女女表示衷心的感谢。为此书的诞生，许多企业家和管理者都慷慨给与指导。他们正是构建并维持以色列高技术产业的生力军。经过与他们的多次接触，我们领略了他们渊博的知识及乐意分享的精神。我们十分感谢他们引领我们进入他们的神奇世界。最后，我们感谢 Rena Henderson 编辑手稿，Julia Kim 给予了超棒的技术支持，还有我们的编辑 Margo Beth Fleming。正是你们的鼓励和支持，这个项目才得以结出如今的硕果。

第一章　概述

　　……那么,以色列成功的秘诀在于把技术群的核心元素与以色列独有的特点进行有机融合,由此个体的技能和经验得以强化,团队的行动力更强,在一个成熟的且不断发展的环境下彼此关系紧密,互帮互助。从外部进行观察,这就提出了一个问题:以色列"成功的秘诀"是否只适用于本国,其他国家可以借鉴吗?

Dan Senor and Saul Singer,《创业的
国度:以色列经济奇迹的启示》

　　自20世纪80年代末以来,以色列高技术产业经历了史无前例的飞速发展。尤其是信息技术和通信(ITC)产业创新不断,在全球处于领先地位——虽然以色列国土较小,但是该产业却是全世界的龙头老大。许多学者都试图剖析以色列高技术产业的发展及其成功的轨迹,他们中多数人关注的是资源和基础设施集聚的过程和条件,及其特殊的高技术产业的形成(可参考如 Avnimelech 2008;Breznitz 2007;de Fontenay and Carmel 2001;Saxenian 2002)。然而,促成这一产业出现的历史背景和各方作用却鲜有学者加以关注。

　　本书旨在揭示以色列高技术产业的发展、结构、相对优势背后的环

境、组织构成及关键路径。对于以色列高技术产业发展壮大的分析,我
们并不视其为一个统一体。相反,我们补充阐释以色列信息技术通信
产业的出现源自多样化的、组织型的成型模式,源于两种不同的体制型
的环境——合作体制期,及其之后的竞争型经济期。

我们以发展的视角观察以色列高技术产业作为整体的发展,再聚
焦其信息技术通信产业。我们研究信息技术通信产业组织特点的继承
和传输,并分析占主导地位的体制环境,它正是该产业出现及形成的牢
固基础。我们以理论概念来关注初期条件和变化,用以过程为导向的
机制来加以解释。此外,我们结合高技术产业的历史根基,对其今后的
演进加以预测。

正如 Stinchcombe(1965)指出,初期条件包括"团体、体制、法律、
人群特点和一系列社会关系构成的环境,对产业发展产生持续的影响"
(第142页)。这一观点很难解释关键组织得以建立的最初体制环境和
初期条件这两个因素如何彼此作用,形成一个完整的产业发展特有的
势头。

我们认为,初期条件、社会经济过程、地缘政治因素,尤其是政策环
境,共同影响着一个产业的发展:通过多层面的继承和每一代的传递,
使得组织模式、作法、日常惯例、技能和蓝图得以延续(参见 Phillips
2002,2005)。而且,任何一个产业的演进路径都是在应对竞争的过程
中形成的,这种竞争影响着组织的结构、变化速度(Carroll 1984),以及
所牵涉的企业规范和机遇。

竞争和体制化的进化机制,与包括某些做法和活动的连续的组织
继承结构相吻合。从这个角度看,组织和外部力量都是以色列高技术
产业发展的驱动力。这种综合性的宏观视角使我们可以断言,在那些
打下产业基础的人和那些通过直接继承其结构而跟随其演进道路的后
代之间,有一种连续性。同样地,我们可以以此追踪继承结构的变化,
以及培育出多种组织形式的发展过程(Baum and Rao 2004;

Stinchcombe 1968）。

　　首先，我们确定以色列高技术产业中创业企业的鼻祖，及它们各自的体制环境；接着，我们建议以族谱型框架来描述并分析这一产业的演进。在组织学术语中，族谱指一些组织间的关联体系，这些组织都来自同样的母体组织。因为我们聚焦建立的过程，我们认为母体组织的影响是持续性的，决定了整个族谱的演进轨迹。因此，理解每一个族谱形成的历史条件对我们的叙述至关重要。根据 Stinchcombe（1965），创建期的外部环境对组织特色的形成有非常大的影响力，这种组织特色的一大烙印就是"可获取的社会资源"（第 168 页）。Stinchcombe 推崇从特色形成角度进行考量，他明确指出"在特定时间成立的组织必定把它们的社会体制和可获取的社会资源构建在一起"（第 168 页）。这样的社会体制一旦建立（就结构、过程和文化等层面而言），它们被加以维护并进一步形成特色，因为"传统的力量、既得利益、源自观念形态的工作方式等都倾向于保留这一结构"（第 169 页）。

　　此外，族谱中的母体组织通过"产卵"过程，也许不仅构成了新组织的潜在孕育者（Klepper 2001）[1]，而且成了促进新组织大量产生的知识、价值、特色的承载者。近期学术界大量讨论都围绕着是否建立新组织的新生代们都依靠母体组织并向其学习（Klepper 2009；Baron and Hannan 2005；Burton 2001；Phillips 2002，2005）。

　　我们对以色列高技术产业演进过程进行分析，并探究产业的历史根源，从而揭示特定的组织族谱是如何建立和发展的。本书呈现的族谱反映了多样性的、与建立过程相关的结构特色、价值观和日常惯例。我们审视族谱的不同演进模式，及其相应的彼此关系，后者标志了该产业的日趋成熟。这些彼此交错的关系源于不同族谱的相似性，并且伴随着族谱的扩张而代代发展起来的。然而，不同的初期条件标志着各自的族谱祖先，反映了不同模式的继承——也就是说，大量繁殖的过程及每一代之间能力和知识的转移。要想成功建立并存活下来，一个新组织可以依赖大量的外部力量来获取必需的资源：管理蓝图、规章制度、价值观（Baron 和 Hannan 2005；Burton，Sorensen，和 Beckman 2002；Hannan 和 Freeman 1989，21；Baum 和 Singh 1994）。然而，族谱的近似是其最重要的基础。正如我们之前所提到的，族谱演进的相关性是双重的：新公司的建立，以及以色列新兴高科技通信和信息技术产业的演进。

母体组织和他们的孵化器提供创业所需知识，同时通过各种筛选过程批量培育新公司，在此过程中壮大并向多样化发展（Aldrich 和 Ruef 2006）。典型的例子就是硅谷的一批小型技术公司，如最知名的 Fairchild 半导体公司，它不仅衍生出大量公司，而且吸引了相关技术领域和行业的其他商业体（如 Castilla 等 2000；Kenney 2000）。创建新的公司，不仅是资源整合或集聚的过程；也是族谱演变的过程，与创建者如何发挥创业精神，获取特定的、帮助自身成功创建新实体的技能相关。因此，我们的族谱方式强调创建前附属关系和遗传关系的重要性，这两者在筛选的进程中影响着族谱的演进。然而，我们也强调，创建前附属关系未必百分之百表示后代是由组织的性质 DNA 决定的，未必是它们母体组织的完全克隆体。环境变化或管理蓝图筛选方式的选择可能带来不同的创建模式，包括不同的价值观和规章，这些都极大影响着族谱后代繁衍的模式（如，Baum and Singh 1994；Hannan and Freeman 1989）。和硅谷案例类似，Fairchild 半导体公司衍生出一批企业（Rogers and Larsen 1984；Saxenian 1994），这一例子证明了每个族谱从祖先起就派生出"族谱"，这一族谱展示出结构及繁衍模式的特色。企业族谱的"遗传"，构成了以色列信息技术通信产业，这个产业在 20 世纪 90 年代发展为成熟的产业集群，所有必需的辅助服务一应俱全。

本书探讨了基础的组织过程——新产业的演进——这在很大程度上意味着批量生产。批量生产这一过程指在职员工创建属于自己的新企业，往往和母体属于同一个产业。这一过程的价值和父母对后代的影响类似,因为经历、价值观、知识、雇用期间在原企业(母体)获取的能力,构成了辨识和发掘企业发展机遇的基础。而且,战略进程——日常惯例和做法的管理蓝图——以及新公司的文化和技术从族谱而言是受母体公司特点的影响的。这是我们工作的概念基础,旨在帮助大家全面理解现代通信技术产业的演进进程。

　　在本书中,我们通过创新的、基于繁衍机制的历史—族谱方法来呈现一个新产业的演进进程。这种方法能使我们追踪母体公司在何种初期条件下会成为母体企业,在族谱中作为祖先开枝散叶。我们指出这些条件如何影响新企业的繁衍,如何决定族谱进化轨迹和结构。这样一来,我们能提供一个全新的视角供大家理解每一代之间的互动,帮助大家理解产业涌现的演进动力。而且,通过聚焦族谱演进,我们能从经验主义的角度追踪与新企业创建过程相关联的特点,如创建源头和多代相传过程。这些特点,反过来,影响着整个族谱的繁殖或再生能力。

　　Noam Wasserman 指出,在 Stinchcombe(1965)的新书《创建者的两难:预期及避免那些令初创企业失败的陷阱》中,他指出新进入缺陷在于三大内部因素(团队发展工作关系、找到他们新角色及彼此之间分享经济回报的需求)以及一个外部因素(与潜在供应商、客户及其他外部伙伴的关系不足)。最后一个因素广受关注,而前三个因素则受到冷落(2012,第1页)。我们赞同 Wasserman 的观点,而且本书我们采取的方法强调了外部环境在企业创建时,对公司内部几个过程及族谱形成的作用。由此,我们希望采用一个更宏观的方法,从更均衡的角度,按照 Stinchcombe 的框架继续进行研究。在此,以色列高技术产业演进的环境凸显出几个特殊的历史条件:政府积极干预,指导并规范这个新兴国家的工业产业发展。客观因素,如国家建设、国防部署、创造就业、移民吸收等都是国家重点关注的领域,而非经济因素。比如,在国家早期建设阶段,它的国防政策强调资源调动和自给自足。因此,政府成立了研发机构来重点研究应用技术创新,并主导高等教育体制的应用型研究(如 Drori and Landau 2011)。

理论根源

　　我们采取的族谱方法的理论根源是基于体制和生态理论上的。这些理论都各自指出了体制在为初创企业提供调节的、认知的、规范性的支持中所扮演的角色,同时指出了体制多样性的环境决定因素,这些都影响着企业的生存状况。尤其值得一提的是,企业创建时的环境条件、企业年龄、新颖性、规模,都影响着它的结构和运作,伴随着演变进程进行变化、筛选和保留。然而,这些理论没有解释特定的事件如何引发筛选,从而导致异质性演变模式;这些理论也没有阐明组织继承是如何促进一个公司在历史长河中坚持并转型的。

　　其他理论探究了组织的能力来源及核心特点。印记方法假设一个组织的核心特色烙印在其后代身上,由此影响整个产业的演进过程。因此,新企业的创建者可基于在母体公司工作所获的知识,再引入些许创新,这些因素影响着族谱中企业的数量和规模。新公司的战略受母体公司继承下来的经验影响,如人力资源、雇用蓝图、技术和市场知识等。印记理论强调外在力量和初期条件,但是他们忽略了产业各方的互动作用,从而没能清晰阐释产业出现的驱动力及公司的竞争力位置。相反,我们的方法采取更宏观的综合视角,加深大家对产业演进背后的机制和过程的理解。

　　另外一个研究产业演进的方法强调共同演变进程。它认为技术进步是产业演进的驱动力,聚焦创新、产业结构和经济发展之间的互动作用。和之前提到的方法不同,共同演进考虑到国家体制所起的作用,强调组织间的互动及松散的联系。技术的进步和产业演化都是变化的结果和驱动力。然而,除了大家普遍认同的,演进实体是彼此依赖的,共同演进视角指出演进没有系统的模式,也不特别关注新兴产业的发展阶段。

新产业来自何处、他们创新的最初成功是什么,现存的研究中都没有很深入探究这些问题。一些研究人员强调了驱动企业变化的外在因素;另一些则考量内在机制及组织间的互相依赖性。然而,大部分学者都忽略了产业演进的创建阶段及其对产业发展前景的影响作用。鉴于这些产业的投资数额巨大,极具风险,研究这些问题非常关键。

本书的意义在于采取了族谱方法:(1)进一步研究产业从创建期到成熟期的演进;(2)揭示族谱构建的原则及新产业出现和发展的潜力;(3)分析以色列信息技术通信产业的历史,以此作为新兴经济体中产业发展的典范;(4)指出电信产业的成功关键因素,及这些因素是如何帮助决策者和创新者做出投资决定的。

研究设置

我们以以色列高技术产业为例,尤其是信息技术通信产业,在近年来取得了显著的进步。以色列的信息技术通信产业凭借创新和技术突破在全球处于领先地位,它是全球公认的以色列高技术产业的成功典范和发展引擎。实际上,我们认为该产业的演进是硅谷的翻版(Senor and Singer 2009),而且被众多发达和新兴的经济体所效仿。此外,以色列作为现代通信技术的先锋和改革者,可谓是一个天然实验室。因为以色列国土面积小,我们能够针对大多数涉足通信业的企业开展高效的研究工作,并且结合实地考察,获取一手数据,以此全面深入地了解产业从胚胎孕育期到成熟期的整个过程。

Fiegenbaum(2007)把以色列高技术产业作为典型进行了全面的描述,从战略管理视角强调其多层面的性质。他聚焦全球、国家、个体、组织、产业各层面的互补性活动,揭示了这些因素如何共同作用促成了20世纪90年代的产业腾飞。其他学者则强调不同的研究视角,如风险投资（Avnimelech and Teubal 2003a，2003b，2004，2006），以色列高技术产业集群的结构和优势（de Fontenay and Carmel 2001），国家研究和发展政策及"军工业综合体"的角色（包括宏观的国防业）（Brenznitz 2005a，2006，2007），体制环境（Zilber 2006，2007，2011）。虽然这些研究对于我们了解以色列信息技术通信产业的演进大有帮助，但是其局限性在于只关注和产业相关的进程。

我们的研究旨在探究以色列高技术产业在过去 60 年间的演进进程，聚焦两个彼此关联的分析对象：产业和企业。值得再次指出的是，我们采取的是族谱方法，是基于父母与子女关系的理论基础，这种基础在最近受到了管理研究的广泛关注（Phillips 2002，2005）。通过研究整个产业的族谱式演进，我们可对其建立及发展追根溯源，同时预测并指导在产业和企业两个层面如何获得持续性的发展。我们更关注九大族谱的创建者，他们直接或间接涉及了 900 多家高技术公司的创建。因此，除了充实理论，我们的研究成果有助于公共事务及商业决策者们在全球高科技市场上更具竞争力。

本书结构

第二章阐述了研究以色列高科技产业的现有文献中，所采取的主要方法及其理论基础。这些理论指出与组织介入和生存相关的组织多样性的环境，及其起到的决定性作用，同时也指出了体制如何提供调控和规范性的支持。尤其值得一提的是，组织创建阶段的环境条件影响其结构和运营，这些通过一系列演化进程而实现：变异、筛选和保留。然而，这些理论无法很好解释特定的事件如何引发一个筛选过程，从而导致多样演进模式出现。因此，我们对于促进企业在历史长河中坚持下去并转型的组织继承还知之甚少。

正如之前所提到的，共同演进方法关注国家体制（在各类持股人之中)的角色,强调企业间的互动和松散的关联。然而,这种方法没能提供一个系统的演进模式,也没有特别关注新兴产业发展的各个阶段。

第二章同时详细描述了我们的族谱方法,阐明了它的起源、知识、理论基础及原理。我们方法的基础设想如下:首先,新企业在演进过程中,组织特点影响了其创建过程,由此带来烙印效应。其次,那些特征在每一代间相传。这就意味着"后代"必定从"父母"那继承了特定的"遗传"因子。我们设想族谱的结构和特点及其最终发展到的规模,受特定的遗传和近似体的影响。创建时的公司间关系及它们世代间的遗传塑造了族谱的发展或繁衍力,这通常由新派生的公司数量来衡量。我们试图去理解在整个族谱中,创建母体发挥了何种显著影响,并最终在各自的产业领域产生影响。为此,我们通过分析每一代间传递的特征,扩大了继承的概念。

这一章通过追踪族谱中的创建母体及其后代,进行分析总结,并对企业如何发展的问题提供了新理解。

第三章详细阐述了我们研究的九大族谱母体组织的历史演进,并分析了其各自特点。本章区分了两大族谱组的创建母体——"老的"和"新的"——他们在两个不同的历史阶段创建。老族谱诞生的时代我们称为合作经济期;而新族谱诞生于竞争经济期。前者描绘的以色列建国初期的体制环境和政策,约自 1948 年国家独立起,至 1977 年国家政治转型之前。这个阶段的显著特点是政府干预,通过国家工会持续掌握本国主要经济实体企业的所有权。后者的竞争经济期,描述了 1977 年自 2010 年的体制经济环境,当时的特色是国家向自由的、以市场为导向的整合型经济体转型,并融入全球市场。我们通过每个族谱的历史发展、组织特点和它的印记潜力来描绘它的基本特点。我们试图展示在 20 世纪 80 年代轰轰烈烈的通信革命期得以发展的新族谱为何被认为更有创业精神,为何在产业演进中占主导作用,并发掘这些现象背后的原因。

第四章描述了我们研究的九大族谱的结构和演进,并把合作经济期和竞争经济期创建的公司加以分类。通过分析创建模式和过程,我们证明创建期的环境结构和特点对创建母体的创业趋势有影响。我们还表明这些趋势通过特定的族谱世代相传。这些特征由上一代传至下一代,保留了创建母体派生新企业的特点,并影响了整个产业的规模和性质。

第五章分析了导致以色列高技术产业世袭演进各异的过程。本章还研究了这些过程如何影响信息技术通信产业的发展,及该产业成为技术市场领袖的能力。本章继续阐述我们的理论方法的含义,以及它如何解释产业发展。

第六章对本书的研究及所取得的成果进行了综述——主要的研究发现,及其和族谱理论的相关性。首先,我们阐述了通过研究带来的启迪。其次,我们也大胆设想以色列高技术产业为何是一个成功的范例。

附录描述了以色列高技术产业的历史背景,并重点突出其信息技术通信产业。附录主要涉及导致以色列高技术产业出现的历史的、社会的、政治的发展过程。

总结

本书主要探究以色列高技术产业演进的机制。我们之所以采用族谱法,是因为一个族谱的企业趋势是其多样性演进路径的源头。然而,在我们研究的族谱中,导致派生的各种机制相差很大。这些机制影响了一个族谱派生新公司的能力。每个族谱派生的不同速度决定了其演进的轨迹,及由此带来的行业影响力和市场占有率。我们指出了每个族谱的历史路径和特定的特点是如何从整体上预测一个产业的演进路径的。最终,源于基因变异的不同的族谱特点存在于后代、家庭或家族分支之中。这些或直接通过父母传递给紧接着的下一代,或间接从创建的一代传递给后面的某一代。最终,我们对以色列高技术的发展过程的分析能提供一个概念框架,并解释一个产业的演进过程,这并不关乎产业的类型及其起源地。

第二章　族谱演进的框架

　　自从(我)初次接触网络以后，通过无线解决问题就成为我的固定思维习惯了。之后，我加入 RAD 公司，随后暗暗对自己说：如果他们(RAD 的创始人 Zisapel 兄弟)能创业，我也可以。从他们身上，我学会了如何做生意。凭借这些经验，我有选择地开启了创业之旅。我们的大客户包括德国通信公司。之后，我遇到了 Hayim，他和我都在一个部队服役过，只不过时间不同。当时他在 Tadiran 工作，不过后来发生了危机(Tadiran 在 20 世纪 90 年代初经历了危机)，Hayim 就跳槽去了 Zisapels 的公司之一，之后成立了自己的一系列公司。我们俩决定合并彼此的公司，不仅为了在技术上形成互补——他的公司专门为新兴市场的中小企业提供无线解决方案，而且他对我相当坦诚。毕竟，我们曾上过同一个"幼儿园"——我们背景相似。从一开始，我就预感到将来的公司市值必将高达 5 亿美元。

采访 Yaakov，《企业家系列丛书》，2006 年

　　要研究企业家精神，我们就要思考一家新企业成功或失败背后的原因是什么。为了讨论这个问题，我们应用了一个概念框架，它的理论

基础和新公司成立及随后的产业出现和发展相关。在本章中,我们先解释企业家,即新公司创始人,如何影响其他效仿者进行企业规划。我们也研究新企业创建的趋势及所需知识技能。接着,我们罗列所采取的族谱分析法的各个方面,这些都强有力地证明了创建初期的条件导致了新企业遵循着族谱线不断派生这一过程。反过来,族谱的亲属关系塑造了新兴个体企业的特征和发展路径,在我们的案例中,便是整个的以色列高技术产业。这些族谱过程对理解产业如何演化、企业如何保持或失去竞争力很有帮助。

12

　　我们借鉴产业演进的各种理论来构建族谱方法(如 Aldrich and Ruef 2006)。我们把"族谱"界定为一个群组的沿袭或家族记录(从祖先至最近的一代)(Fox 1984)。族谱反映了随着时间的推移,关系网络中各方的关联和近似程度,特点是依赖路径的关系(Arthur 1989,1994;David 1994;Sydow,Schreyogg,and Koch 2009)。我们相信组织族谱的演进路径受族谱成员亲近关系的影响,主要指父母与子女的关系(Phillips 2002,2005)。因此,研究组织族谱也许能阐明组织特点的传递过程及特定产业中新公司成立的性质。

　　组织族谱的一个主要议题就是创建期的条件对公司特征产生持续的影响。这些特征包括企业家视野的前瞻性、冒险精神多少或管理知识技能,这些最终都导致了组织内成员结构的多样性(cf. Stinchcombe 1965)。而且,我们的族谱分析法和印记理论的视角相关,因为继承动力影响着合作或竞争的习性。因此,对以色列高技术产业族谱演进的研究也许能说明一个公司的行为和表现是如何与其遗传性相关的。

　　组织的族谱分析倾向于聚焦环境的特质及其对新公司成立和发展的影响。因为族谱演进必定意味着上一代对下一代产生某种影响,对这种影响的理解意味着父母传递给下一代相关的特点、价值观、做法和规划(Klepper 2001;Burton 2001;Baron and Hannan 2005;Phillips 2002)。相应地,本章回顾了新企业诞生的不同方面、组织特征的继承和传递的动力等方面的主要观点。同时,它指出了一个新的研究方向来看待产业演进,即族谱视角。这个视角能使我们对产业如何出现及发展成熟,在广度和深度上加强了理解。这些目标都是互相兼容的,因为正如我们在本书中要证明的,以色列高技术产业的成功和新企业诞生的风气及整个产业的演进休戚相关。

新企业演进的理论框架:外部决定因素

在下一部分,我们来回顾两个主要因素:一方面,体制环境;另一方面,初期条件和烙印。这些都构成了一个新产业的族谱演进的基础。

体制环境

对驱动新产业出现的环境和组织过程及关键路径进行研究,对理解产业胚胎期和成熟期的演进、结构和相对优势十分重要。在以色列高技术产业中,对于产业形成的主要挑战在于环境的变化,如资源利用、技术可行性、市场需求、体制正统性和对创新的应用等(如 Aldrich and Fiol 1994)。挑战包括:塑造新市场、融资、克服那些对新生企业构成威胁的保护性条款。然而那些被迅速商业化的技术突破塑造了社会经济环境,并影响组织的发展壮大。

各种理论都认为环境是影响产业演进的主要因素。比如,体制理论指出,体制角色已经嵌入文化世界视野和鼓励同构的模式中。在同一领域内运营的组织体现出在结构和形式方面的趋同性,这或许是为了获取正统性,而无关乎效率问题(Meyer and Rowan 1977,1983)。而且,关于组织生命的假设和论断受规章制度、认知水平和标准框架的支撑,这些框架事先决定了组织的行为或做法(DiMaggio and Powell 1983,1991;Scott 2001)。因此,例如,从体制角度来研究以色列高技术产业,我们发现了一些共同的、分享性的文化遗产。这些文化遗产可能被民族精神强化,注入产业后,塑造了产业的信仰、价值观、规范、愿景、做法及行为(Zilber 2006,2007,2011)。

生态理论关注竞争的本质及其对不同组织形式的影响,及它们在特定环境下的生存几率(Carroll 1984;Carroll and Hannan 2000;Hannan and Freeman 1977,1989)。相应地,组织努力在自身与环境间找到平衡。具体而言,组织创建时的环境情况、组织年龄、新旧程度和规模决定了它在演进过程(变异、筛选、保留)中的结构和运营(Aldrich and Ruef 2006;Campbell 1965)。因此,根据生态理论,以色列高技术产业由各类专业型的集群构成,它们以特定的生态位彼此开展竞争或合作,目的就是通过在所处环境内的关联和地位存活下来。

我们认为,这些理论都没能解释环境中的特殊事件如何引发筛选过程,从而导致多样化的演进模式。正如 Baum and Rao(2004)所指出,"我们对于新组织形式的出现,或促进组织在岁月中坚持下来并转型的组织继承的结构依然知之甚少"(第123页)。因此,环境被视为新组织出现和发展的重要元素,包括其结构和形式。变异、筛选、保留的演化进程意味着创建企业是和初期及边界条件相关的,这些条件对演进轨迹都有影响。

我们应注意到两个理论并不是彼此排斥的[1],正是它们的整合才有助于体制生态在一个产业演进过程中发挥其作用。例如,以色列高技术产业内不同股东彼此的关系,如风险投资家、领军科学家办公室、军队技术部门,他们共同塑造了以色列创业文化的内涵,同时通过信息和资源的流动影响着创业文化的共同演进内涵(如,Avnimelech and Teubal 2008)。

初期条件和印记

为了理解以色列高技术演进过程,我们采用理论框架来解释族谱方法的"标准"。Stinchcombe(1965)对组织出现开展了极具开创性的

研究,为我们提供了一个概念性的视角来理解创建机制框架内产业的
演进。他声称新组织的建立依赖其汲取资源的能力。这在初期阶段尤
其重要,组织在这一阶段就是 Stinchcombe 所谓的"新进入缺陷"期
(pp148—149)。Stinchcombe 罗列了影响缺陷程度的社会条件。这些
条件包括:必须学会的新角色,新规则、标准程序及文化的创设,陌生
人之间的社会关系,信任——对缩小诚信差异的社会结构的需求,社会
关系网——与使用组织服务的对象的稳固的联系。Stinchcombe 指出
初创组织实力相对较弱,因此必须贯彻有助于维持和股东良好关系的
规则和惯例。而且,创建期的条件在新企业身上留下印记,并对企业生
存和发展产生持续的正面或负面影响。"群体、体制、法律、人口特征及
整套社会关系构成了环境",Stinchcombe 如是说(1965,p142),构成了
新组织获取创建期存在着的初步条件特征。因此,我们假设初期条件
会造成同一产业内组织间的相似性,这些组织是在相同的条件下成立
的。这是因为这些组织面对相似的环境和生存挑战,因此表现出相似
的结构特点。对以色列高技术集群出现的研究(Breznitz 2007;de
Fontenay and Carmel 2001)强调了以色列初创企业文化繁荣所处的单
一条件。比如,本研究采访了数位企业家,他们提到政府激励政策的本
质是在初创期提供财政支持,并且提供配套辅助技术,而非核心技术,
因此投资者和企业家都更习惯于寻找快速的新企业"出口"。

　　Stinchcombe(1965)的印记假设理论强调了历史的坚韧性。
Stinchcombe 宣称环境及其特征,诸如社会关系、体制和法律体系,"是
由历史决定的,并由此给组织打上创建期所处时代的印记"(p142)。
换句话说,创建期的社会和结构条件,包括技术的、社会的、政治的、经
济的和文化特征,都通过遗传活力对未来组织发展产生持续的影响。
印记方法假设一个组织的核心特点在后代身上留下痕迹,并最终影响
一个特定产业的整个演变进程。比如,新公司的创建者也许会在过去
母体组织工作期间所获的知识基础上引入更多的创新元素。在以色

列,许多创业企业,包括以色列软件业的龙头老大 Checkpoint 公司,其创建者就是得益于其在部队服役期间在精英技术情报部门所掌握的技术和知识。

因此,印记理论表明偶发事件和外生因素对一个产业内公司规模和数量的影响。公司战略受前期经验影响,包括人力资源和用人规划(Baron and Hannan 2005)、技术及市场知识(Agarwal et al. 2004)。这些都从母体这一实体继承而来。例如,对硅谷创业企业各具特色的规划开展的广泛调查就描述了用人规划的三个纬度,这个规划描述了高技术创业企业如何在合适的文化模版基础上进一步发展对于控制、结构、工作角色和员工关系的想法(Baron and Hannan 2002,2005;Baron, Burton, and Hannan 1996;Burton 2001;Hannan, Buroton, and Baron 1996)。这些维度包括:(1)依存和保留基础;(2)筛选标准;(3)控制和协调方法。在这些维度内,Baron and Hannan(2002,2005)单列出赋予所研究的高技术公司用人规划的五类特点。他们把这五类称为独裁、官僚、义务、引擎和明星。这些规划与公司的创建远景相对应。而且,这些人力资源"规划"影响着组织的产出,如营业额、成本,市场表现力。同时,对"规划"进行变更也许会导致组织与表现力和人力资源做法相关联的工作效率下降。

在这种情况下,我们注意到 Marquis(2003)曾研究过企业间网络创建期间可获取的社会技术如何持续地影响当代的网络结构,他宣称"历史印记模式对凌驾于组织之上的社会形式产生一定影响"(p681)。这意味着社会和环境条件对创建过程,及由此出现的新产业产生广泛影响。

Stinchcombe 之后的大量研究都表明,竞争型的创建条件对组织特征产生关键性的影响并持续其作用(Boeker 1988,1989)。其他学者也表示初期条件影响不同组织的特点,如枯损率(Swaminathan 1996)或变异节奏(Tucker, Singh, and Meinhardt 1990)。对于初期条件和创建期先前经验角色的含蓄表述是，假设一个新企业的特征依靠环境和创建者的潜力及活动，相应地，创建者也许会在新创建的组织内复制之前的惯例和相关的知识技能（Klepper 2002）。因此，一家企业创建期间的社会和结构条件，在其能力和核心特征上打下烙印。正如Dobrev and Gotsopoulos(2010)所说，"不管自演进过程开始以来的中间步骤如何，早期条件对之后的发展会产生永久性的直接影响"(p. 2)。

我们认为初期条件影响着一个产业与依赖历史的演进过程，含义如下：不同阶段的初期条件产生多种多样的公司板块，可能分属不同的族谱。在此，Gompers、Lerner 和 Scharfstein(2005)认为创业企业的孕育土壤很有可能就是其他的创业企业。正是在这样的环境中，员工可以从同事那里学习本领，为将来创业打下基础，同时也广泛接触各类供应商和客户，他们以后也将是创业企业的联系对象。创业企业的派生也许悄然筛选出那些更容易冒险的个体，他们愿意承担创业的更大风险。值得一提的是，对以色列高技术产业的研究发现过去的附属关系、军队或其他工作地方，为创建新企业提供了一个强大的驱动力（Senor and Singer 2009；Breznitz 2007）。一位成功的以色列企业家承认为了两个合伙人从部队退役，他足足等了两年才与他们联手创业。

经济、政治、社会环境对创建期环境有持续影响这一点被众多创建者及高层管理人员所接受，因此他们已着手开始研究组织今后的发展路径（Bhide 2000；Boeker 1989；Beckman and Burton 2008）。因此，创建期和初期条件塑造了创建特征，并决定随着时间推移，他们如何自我复制。正如 Stinchcombe(1965, 154)所指出，（发展）井喷的日期和现存的社会结构有很大关系。近期更多的研究主要聚焦两个问题：第一，公司准入特征和市场表现力、应对环境震荡的表现、产业生命周期某阶段的关系(cf. Ganco and Agarwal 2009)；第二，行为印记过程，创建时特征如何影响后续组织的特点。[2]

通过把以色列高技术产业的组织行为和孵化企业的祖先关联起

来,同时再关联来自不同公司的创建者联合新创的企业,这些理论让我们能深入了解驱动产业出现及拥有竞争力的动力。[3] 他们强调以色列社会经济现状及政治情况的社会形式和特征对创新起了一定的作用。而这种创新貌似领先于其所处的时代,或者这种创新引入了一个新技术或产品——例如,基于光纤的网络安全通信技术,这对于产业的成功至关重要。

18

理论导向：企业创造机制

在本部分,我们详细阐述新企业创造机制特点的三种模式,及其与孵化器和新公司的关系。

剥离公司

Klepper(2009)在描述剥离公司本质时,指出:

> 一些是自愿的,受母体公司的指挥;一些则完全受某个员工的意愿驱使,他们梦想做自己的老板;一些为了实现职业的理想;还有一些则源于个体雇主的失败或可预见的失败。(p160)

相应地,不同的产业和母体公司的性质,即规模或市场位置,影响着剥离公司的速度、市场表现力和生存力,及其在产业集群形成和发展中扮演的角色(Klepper 2001,2009)。研究我们之前所罗列主题的组织学专家经过对派生现象的调查——孵化企业的一位或多位员工创建一家新企业,利用后者的潜在贡献为新公司服务。根据派生理论,在雇用期间获得的经验,包括转移到剥离公司的知识,对未来的新企业家极具价值。

在对不同产业的剥离公司创建进行研究时,Klepper 和同事

(Klepper 1996，2001，2002；Klepper and Sleeper 2005；Klepper and
Thompson 2010)用三种模型来解释剥离公司的模式动机和特征。第
一种模型与代理理论(Klepper 2001)相关联,认为创建过程源于创建
者有能力引入某种创新的事物,这种事物和其母体公司的活动有某种
程度的关联(Anton and Yao 1995；Bankman and Gilson 1999)。因
此,剥离公司的出现源于创建者在为母体公司打工期间发掘了创新点
和创新活动。然而,对于一家大型企业的相对稳定的管理层人员来说,
他们不太愿意冒风险去创业。

19   第二种模型基于组织能力理论(Cooper 1985；Klepper 2001),聚
焦孵化企业的裁员,及其在探索不同商业和组织考量上的困难——
例如,转移核心业务(Tushman and Anderson 1986 也如此认为)。职
位较高的、掌握所需技能的个体员工也许会抓住创业的机遇(Aldrich
and Wiedenmayer 1993；Bhide 2000)。基本技术、知识、技术机遇、对
市场结构的熟悉程度都体现了剥离公司之前的附属关系和历史。因
此,它和母体公司的关系性质,未必构成竞争威胁,反而可能影响剥
离公司的活动类型、生存及未来的成功前景(Eckhardt and Shane
2003；Klepper 2001；Romanelli and Schoonhoven 2001；Shane 2000,
2001)。

第三种模型,学习理论认为创建者从母体公司学习与开发相似产
品和服务相关的知识和策略(Franco and Filson 2006；Agarwal et al.
2004)。学习模型(Klepper and Sleeper 2005)认为具备知识和动力的
员工意识到他们的雇主也许会"蚕食"自己的创新点子或创新产品。因
此,这类员工的一种选择就是离开孵化公司,成立新公司。然而,和这
种看法对立的观点认为有相关创新点子的员工也许宁愿留在原单位,
在原单位内部努力实现这些点子(Cabral and Wang 2008；Chatterjee
and Rossi-Hansberg 2008；Klepper and Thompson 2010)。而且,
Klepper and Sleeper(2005)提到,公司不断地评估员工创新的价值。

这种做法对于员工在公司的立场有一定影响,因此就创新点子和产品而言,他们对公司政策和行为产生影响。Klepper(2009)认为:

> 公司若无法辨识出最好的金点子,并且在运营中没有对这些创新引起重视或采纳,那么公司和优秀员工之间就会围绕如何运营产生分歧。一旦分歧十分严重,员工就会离开公司创建自己的公司。一开始,所有的员工对公司应该做什么都意见一致,因此不存在分歧。慢慢地,对于公司走向他们接收到不同的信号,分歧由此实体化。(p167)

其他学者采用演进理论,认为"孩子"(剥离公司)和"父母"(孵化器)的遗传关系包括后者提供的资源,例如技术和市场相关的知识、组织模式、创业机遇(如 Freeman 1986;Phillips 2002)。这类支持塑造了剥离公司的性质,并影响其创建前景。我们发展的族谱方法包含遗传关系机制,资源和企业文化的代际传承等。此外,剥离公司的速度相对很高,在"新兴"产业中尤其如此,如半导体类(Braun and MacDonald 1982;Freeman 1986)、硬磁盘器(Christensen 1993;Agarwal et al. 2004)和激光(Klepper and Sleeper 2005)。同样还有服务业,如广告(Garvin 1983)和法律(Phillips 2002,2005)。这些产业创新和全球化的成功经验,鼓励那些自我激励或其创新点子得不到雇主支持的员工,离开孵化公司自己创业(Christensen 1993;Klepper and Sleeper 2005;Romanelli and Schoonhoven 2001)。

而且,在这些知识型产业中,先前获取的技术、知识、关系和管理模式对于企业派生前景有直接的影响(Franco 2005;Gompers et al. 2006)。母体公司的性质也对剥离公司的遗传有直接影响。例如,那些表现更优秀的公司,"生命周期长,市场份额高,入市早,产品质量,和/或产品线,剥离频率更高"(Klepper 2009,162)。同样情况下,环境多样性稍逊时,从风险资本获得支持的公司则派生更多的依赖风险资本的创业企业,包括在硅谷和 128 公路区域公开交易的公司(Gompers et al. 2006)。

剥离公司的重要性和新产业的出现关系很大。首先,剥离公司推行的主张是原先的母体公司不愿意去践行的(Klepper 2009)。其次,它们是新成立公司的学习模板,不仅汲取源于母体公司的经验,而且传播知识、管理行为和创新。第三,它们是创新型产业集群,如硅谷、美国生物技术(Powell、Packalen、Whittington 等)、以色列高技术产业等发展的有机组成部分。以色列高技术产业的族谱是剥离公司创建模式不同方面的典型代表,这点我们在后面部分会加以阐释。以色列的剥离公司通过不同的模式出现,有母体公司员工创建的,也有拥有紧密关系网络的业界新秀。此外,接受访谈的许多人都表示,小规模和文化趋同强调"当我们团结在自己创建的公司周围时,我们感觉很舒适,彼此也有信任感"(2006 年 5 月与一系列企业家访谈时摘录)。

21　　**初创阶段和继承**

在初创组织建立的早期,它们往往在未知的体制环境下运作,努力尝试确保必需的资源,比如财力、技术工人和合规性。这意味着一个企业的生存依赖外部持股人对其前景和潜力是否持积极的态度(Lounsbury and Glynn 2001)。新生企业对是否合规相对陌生,这种陌生导致它们容易在发展成熟前就因"新企业劣势"不幸夭折(Stinchcombe 1965;Freeman,Carroll,and Hannan 1983)。此外,新公司必须掌握关键活动所需的认知和社会政治正统意识,比如调动资源、开发产品、拓展市场,基于自身对商界的理解,建立社会网络关系并分享共同的信念(Aldrich and Fiol 1994)。他们也努力增强应对产业内技术和市场挑战的能力(Aldrich and Ruef 2006)。

现在有一种研究趋势,专门调查从产业孵化器继承文化信仰、技术知识或管理规划的新公司是如何创建的（如，Phillips 2002；Franco 2005）。Hannan 和 Freeman 在 1989 年指出，"虽然我们对筛选过程非常了解，但是对于演进过程、继承模式和传递的其他方面却知之甚少"（p20）。在占主导地位的演进术语中，这种源于孵化企业转移其特点和规划至剥离公司的过程被视为前者的"基因代码"复制。

以半导体（Freeman 1986）、硬盘（Agarwal et al. 2004）或激光（Klepper and Sleeper 2005）等新产业为例，这些产业的成功鼓励了员工离开孵化公司去创建自己的企业（Kleeper and Sleeper 2005；Romanelli and Schoonhoven 2001）。一些研究也表明人力资源和用人规划（Baron and Hannan 2002，2005），技术和市场知识（Bhide 2000；Agarwal et al. 2004），非技术知识（Chatterji 2009），获取风险投资（Gompers et al. 2006）等，是后代（剥离公司）从父母（孵化器）那里继承的诸多事物之一，这些继承的事物随后对前者将产生影响。我们应注意到这些研究主要聚焦父母-后代关系、后代生存能力，但是就父母对于后续多代的印记影响依旧没有给出答案（Jaffee and McKendrick 2006）。研究后续多代所受影响也许能帮助理解强大的祖先对后代生存产生何种影响。

值得探究的一个问题是继承了什么。最近的研究聚焦派生的创业企业创建者带着经验、技术和行为惯例离开，并将之应用到新组织上，由此塑造"新公司行为方式"（如，Beckman 2006；Boeker 1997；Kraatz and Moore 2002）。比如，创建期的人力资源规划也许和创业企业效率和生存前景相关（如 Baron and Hannan 2002），斯坦福大学关于新生公司的研究项目 SPEC（Baron，Burton，and Hannan 1996）中所做的调查显示，与义务和可靠性的持续模式相关的人力资源规划是如何在变异期间成为占主要地位的、为各方所依赖的模板（Baron and Hannan 2002，2005）。而且，Burton、Sorensen 和 Beckman 在 2002 年讨论过名誉印记。它指来自声名显赫父母的剥离公司——就该父母在产业内

的地位或派生的名誉而言——也许会对新公司的投资决策、对机会和
资源的把握上产生影响（Burton，Sorensen，and Beckman 2002；
Higgins and Gulati 2003）。这样一来，一家有声望的明星公司也许会
为其后代烙上正统的痕迹（Stuart，Hoang，and Hybels 1999），向潜在
的投资者发出一种信号：这家剥离公司的创建者和员工是可靠的
（Eisenhardt and Schoonhoven 1996），或它的技术创新是重要的
（Podolny and Stuart 1995）。这种情况下，Phillips（2002，2005）表示地
位印记决定了新创建的律师事务所的性别继承体系的持续。

父母—后代关系

　　正如之前所说，如果我们从占主导地位的演进角度审视转移特征
和规划的过程，可以得出这样的结论：孵化器的"基因代码"在后代身
上得以复制。"父母"通过"基因"（DNA）影响"后代"具备的经验、技
术、做法、知识，这些因素都在新创建的组织内得以应用。通过这种做
法，母体公司帮助塑造了新公司的行为方式（Beckman 2006；Boeker
1997；Kraatz and Moore 2002）。对后代而言，传递组织"基因"也许有
现实的好处。后代也许可以引入创新的元素和做法，它们在某种程度
上和母体公司的活动相关（Bankman and Glison 1999）。这是因为后
代继承了所需知识和策略来开发类似产品和服务（Franco and Filson
2006；Agarwal et al. 2004）。因此，调查呼吁我们关注从母体公司到
剥离公司传输有效"基因代码"的不同情况、条件和要求。

　　一些研究罗列了父母-后代关系的工具性使用方面。比如，员工学
习并应用技术知识（Chatterji 2009；Klepper 2001）、日常管理、能力、规
划（Baron and Hannan 2005；Burton，Sorensen，and Beckman 2002；
Phillips 2002，2005；Klepper 2001，2002）。如果一家新企业的"父
母"名声显赫，随时为其提供支持性的"资产"和有形的"工具箱"以确保
其与产业其他同行竞争时得以存活（并表现良好），那么这家新企业的

成功机会必定很高(Agarwal et al. 2004;Chatterji 2009;Ganco and Agarwal 2009;Helfat and Lieberman 2002)。

总体来说,在研究父母-后代关系的本质时,包括母体公司及其剥离公司的特征(Helfat and Lieberman 2002;Jaffee and McKendrick 2006),学者们主要聚焦继承了什么(比如技术或市场技能),对后代生存前景的意义(Klepper 2001;Agarwal et al. 2004)。

父母-后代关系研究关注于分析派生公司的分类特征,或根据创新企业与多元企业新手之比较(Agarwal et al. 2004)和前期经验(Carroll et al. 1996;Klepper 2001),或根据母体公司的技术或市场立场(Agarwal et al. 2004)。对风投创建企业根源开展研究时,Gompers、Lerner 和 Scharsftein(2005)发现多样化的初期条件影响创业企业派生的前景。这些包括:从上市公司全身而退的创业者、从相对年轻的公司出来的创业者,这些相对年轻的公司受风投资助,往往位于风投的主要核心区(如硅谷或 128 公路)。正如我们通过族谱分析所证明的,这类公司是剥离公司成长的土壤(第五章)。

目前的研究较少涉及父母-后代关系,不过这只是暂时现象。我们的研究对族谱角度加以扩充,强调初期条件对父母-后代关系的影响是超越第一代的。我们认为企业组织规划不仅仅在父母和后代之间传递,而是从第一代开始沿着整个组织线贯穿下去。而且,一种特定族谱也许会呈现出加强其效能和联合成长的特征和结构特色。当母体拥有企业家的冒险精神时,它们的后代往往也认为值得去效仿,后代从父母的经验和成功中更容易获益,这对剥离公司的成员而言也许是一种"模板"。

族谱演进的原则

本书发展的框架认为起源事件是引入变异的机制保障。反过来,这种变异又导致筛选过程出现,如此又引发了另一套变异(如 Aldrich and Ruef 2006)。因此,变异反映出一种演进过程,它源于起源和创建事件的历史环境。变异的根源在个体组织内,一开始是创建大事记,随后是演进轨迹,后者受族谱连锁创建者的影响。这些创建者彼此保持一种父母-后代的关联,抑或是其他的亲属关系,比如同代的或隔代的创建模式。

族谱是记录一个群体从祖先到当代的传承或发展路径。它反映了关系网中的关联度和相似度,这张关系网由族谱关系创造而成。后者的特点由构成线性体系的公司间的演进关系决定。总体上说,族谱关系的模型构成是基于族谱亲子关系的天然关系。然而,族谱中的包含性也可以通过联姻关系,比如并购或与异族类型的伙伴一起创业。在每一种族谱演进背后,都存在一个基本的创建事件,正是它引发了同代之间的发展——组织携带着母体基因代码,包括策略、日常惯例、技术、知识、市场等(Klepper 2001;Phillips 2002,2005)。

我们的族谱方法是基于 Thorstein Veblen 的亲属性观点(Stahl-Rolf 2000)。也就是说,研究组织族谱的演进,是通过考量其共同的根源和多代线条,同时追踪随着时间推移发生的创建大事记。值得注意的是,对于基于族谱附属关系的族谱过程的解释必须包括族谱线上一个组织对另一个组织的影响和依赖。正如 Stahl-Rolf 在 2000 年指出:

> 演化的生物理论指出,一种概念应该能够解释为什么一个组织是一种演化物种的成员,放到历史语境中说就是,为什么在一个特定的历史发展道路上,一个问题会作为一种现象产生。生物应该能解释稳定性、创新性、创新传播力,而社会科学也应能够给予解释。(p896)

25   在我们的族谱方法中,有两个基本的论点。第一,族谱根源的倾向性：新企业的演进道路受创建父母——族谱中第一家公司的创建者——的印记效应、战略性管理行为所影响。这意味着整个族谱中初创公司的某些"基因"特征会影响整个族谱的演进过程。而且，初创公司的某些特征或战略决策被后代所继承，会影响诸如新公司是否会在诞生时或联姻时加入族谱等。因此，族谱根源的本质也许会决定新企业如何塑造其能力、如何演进或变异。调查还研究了创建者效应多样化的彼此关系及以色列高技术通信产业不同族谱的演进道路，以此来预测养育大事记在何种情况下塑造父母-后代及旁系亲属（异族联姻）关系的性质。在某些情况下，这也是一种福祉，因为父母为后代的稳固和未来发展提供相关的必需品和资源；或者后代复制了上一代成功的组织形式，有时候这也是父母用代价换来的（Phillips 2002）。比如，子女在他或她父母组织内的地位越高，父母-后代转移更高效——因此对父母而言危机和养育代价更大，而对后代而言，益处更大，汲取的营养更多（人力和社会资本的重组）。

我们的第二种论点是和族谱及其意义的演进路径相关。影响一个族谱的演进路径的主要过程源于创建者（父母）的特点，这就导致了业界新人出现和演进的不同方式。反过来，这对族谱结构、特征和战略方向有直接影响。然而，剥离公司也许会在市场或研发过程中发现所面临的困难来自母体公司，后者能提供独特却相当有限的知识（Klepper和 Sleeper 2005）。

目前各类研究都聚焦孵化企业如何影响其后代（如 Klepper 2001；Phillips 2002, 2005；Baron and Hannan 2005）。我们在此基础上探索族谱效能的概念——也就是说，母体通过资源、价值观、做法的印记和转移对后代的影响达到什么程度（Nelson and Winter 1982）。因此，后代质量，来自它们的"历史"或对路径的依赖性（David 1994）。也许这能对族谱后代带来些许启迪，同时也进一步预测自身生存和发展的可能性。值得一提的是，研究还表明，内部结构和外部环境的互动作用

26　　（Thompson 1967），或结构与内部环境和外部环境的互动作用，也许是影响组织结果的主要因素。

在用族谱方法研究以色列高技术产业的组织演进中，我们特意关注了网络活力，而且我们承认新公司演进时环境因素很重要（Burt 2000；Hoang and Antoncic 2003）。Powell et al. 在 2005 年提倡宏观永动性的演进网络，指出"我们应该把网络活力和领域演进结构关联起来，这样才能进一步解释一类行为者或组织如何影响另一类组织的行为"（p1134）。同样情况下，网络活力也有助于研究整个产业（Granovetter and McGuire 1998；Castilla et al. 2000）。因此，我们的理论方法试图描绘以色列高技术产业网络和它们在岁月中的演进这一永恒变异的路线图。通过这种方法，我们试图揭示源于不同创建源头的演进路径的含义。这些源头最终塑造了以色列高技术产业的最声名显赫的组织。在这方面，我们可以从产业的族谱模式一探究竟，这种模式的构成元素包括：创建者、剥离公司、剥离公司的剥离公司、并购等等，这对于我们理解产业演进和成果很有价值。

在族谱演进中，一个组织早期的关于汲取母体资源的能力和自身立场导致后代策略的同性化（Klepper 2001）。从父母-后代关系的"印记"过程，Phillips（2002，2005）主张组织内成员代际间的亲密性和同质性也许能预测出后代在既定的演进过程中的存活几率。正如 Phillips（2005）所指出：

> 产生大量后代的组织，通过代际复制社会结构和组织形式使同族人口得以增长。后代不仅从上一代继承日常惯例和资源，而且生活中存在更多的机会，使它们能够创造下一代组织。（p503）

最近一些研究调查了族谱结构的角色，尤其是母体和剥离公司在界定结构中各成员表现的关系（Ito 和 Rose 1994；Ito 1995；Rose 和

Ito 2005)。Rose 和 Ito(2005)研究了日本的剥离公司策略,他们认为"创造后代貌似是一种增强家族生存能力的方法"(p10)。而且,他们(Ito and Rose 1994)表示,日本的母体公司习惯于表现出某种程度的"无私奉献",它们会分享自己的核心竞争力或允许剥离公司享有完全的运营自由。如此做的后果是,母体公司为了整个家族的生存,需承担自身业绩被超越的风险。

事实上,地位显赫的母体公司若有能力直接对后代的技术、做法、知识或规划产生印记效应,很有可能创造出的族谱就更有能力;也就是说,它们在派生剥离公司时"能力超强"。关于潜能,应该从母体传递给后代的惯例、做法、价值观的程度深浅及母体复制的潜力来理解。而且,族谱方法认为,母体和后代传输资源和日常惯例时的强度和连贯性直接影响后代的生存能力。每个族谱的效能在自身的演进及整个产业的发展中都扮演着关键的角色。由于效能代表了某个特定族谱内成员彼此合作、资源和信息共享的潜力,因此新公司会凝聚在占主导地位的商业模式或技术的周围,形成与竞争者抗衡的"安全网"。族谱的效能增强了成员间的彼此互动,也促进了彼此的依赖及做法、日常惯例和价值观的传输。反过来,这可能创造一种"从众"效应,使得每一位成员都从前辈那里获益。

因此,族谱成员间跨代的表现依靠:(1)母体公司始终作为榜样存在,是其后代公司文化价值合法性的来源。(2)母体公司转移给后代有益因素的能力。为此,母体公司需要拥有一套能够在历史长河中屹立不倒的价值观、共同信仰、规范和能力。这样一来,族谱中"诞生"的新公司能通过印记效应,效仿其创建者;同时,族谱的结构必须能有助于印记过程的发挥。比如,那些体现更明显"昆虫关系"和更系列化企业家的族谱中,特征的转移也许会直接从较早的一代到更后面的几代。换句话说,从附属关系的结构来看,族谱的机构也许会影响印记的效率。

Dyck 在 1997 年研究了 60 个自我监管的宗教团体，运用了基于个体-家族暗喻的概念框架，根据新企业的代际组织谱系进行了分类。他的分析表明了一个组织的早期源头预示了未来组织的繁殖活动和它们的"繁殖速度"，不过不一定预测它们的表现。例如，无人认领的孩子将来的后代也可能无家可归；独生子女增加了后代的数量，老大往往是被忽略的（Dyck 1997）。不过，Dyck 的研究认为出生的类型对未来后代的表现影响到底如何尚不明朗。其他一些研究创建过程的学者则声称共享的母体更容易增加成功概率。Neck et al.（2004）研究了美国科罗拉多州 Boulder 镇诞生的新企业，描绘了源于七大主要孵化组织"主体"的本土高技术公司的族谱。这些孵化器是新组织的孕育土壤，使后者能遵循正确的道路发展。尽管在这条发展路径上沿途会有支持体系和各色机构（大学、风投机构），新企业的诞生也依赖"群体内现存组织所经历的事件"（p206）。因此，从一个有名望的创建父亲派生出的一个族谱的演进路径，植根于关系和结构情景中，并由其遗传线的本质所界定。

组织族谱：操作定义、领域和产出

在我们的研究中，一个族谱指一批多代谱系公司，它们都起源于同一个祖先，可以通过直接或间接的附属关系追溯到这个祖先。一家公司与族谱创建者的附属关系在代际线性图中，表现为相关性和亲密性程度。总的来说，族谱关系的模型是根据族谱养育的自然关系而定。然而，族谱的包容性也可以通过联姻，如并购或与异族伙伴联合创建而实现。我们的主要观点是每个族谱的结构和特点代表了其起源、创建事件、特殊遗传和亲属关系的必然结果。因此，在研究以色列高技术产业的族谱演进中，我们主要聚焦母体公司如何在一个产业内给多代演进留下印记，后代对母体的继承（或"基因"）是如何促进族谱结构的持

续和转型的(如 Baum and Rao 2004)。采用族谱的研究角度(Phillips
2002，2005)，我们的研究也指向了 Klepper 在 2001 年对继承关系的
诠释。通过这种研究，我们的方法对 Klepper(2001)和 Phillips(2005)
针对继承本质的观点都加以拓展，进一步阐明了通过代际间的关系传
输的特征，反映传输模型和规划使用的印记概念(Burton,Soernsen,
and Beckman 2002；Burton and Beckman 2007)，对多代演进的聚焦提
供了一种理论框架，主要考察历史各阶段的创建韧性。我们认为不同
的创建模式影响演进过程，最终影响属于某一族谱的公司的表现力，尽
管集群因素也许会对一个产业的演进产生影响。我们的族谱方法旨在
帮助理解一个产业演进轨迹中创建事件扮演的显著角色。

　　此外，族谱内的变异决定了它的筛选转型、构成、附属关系的性质
和来源。例如，和主要是沿着每一代以线性亲属关系来记录的族谱(人
类使用)不同，我们的族谱就亲属关系和线性而言有不同的含义。族谱
往往受文化或社会规范和规则的约束，它往往决定谁有权行使繁殖的
角色、亲属关系程度及其相关的社会和其他角色(Fox 1984)。因此，一
个族谱由祖先(真实的或传说的)创建，由子女和子子孙孙发展而成。
我们对族谱的定义超越家族的社会附属准则。例如，在我们的研究中，
"近亲关系"很普遍；剥离公司由母体公司和孙子辈的企业"联姻"，或创
建者、孙子辈和第五代后代联姻而成。

　　在更广的背景下，某个族谱的组织根据生存策略有意或无意地选
择自身希望遵循的道路。这些选择最终给每一个族谱划出了界限，依
据是结构、效能及其如何应对商业环境。反过来，他们成为不同族谱代
际演进的构建模块。在族谱术语中，这关乎对组织演进过程的理解，这
种演进主要围绕两个维度：第一个维度是策略导向演进，及这个策略
所体现的不可思议的特征到何种程度，这种特征能增加族谱的创业趋
势；第二个维度是族谱的印记潜力，由创建者设立的组织规划、共同的
信仰和价值观通过族谱转移给后代的程度到底有多少。

附属关系及其形成

我们采用的族谱方法的主旨和这一事实相关联：一个组织的诞生是由社会角色促成的。这个社会角色在某个节点和母体及后代都有附属关系。每一代都发生这些诞生事件，且源于直接的遗传和/或异族附属关系。族谱线也许可以预测哪种类型的新组织会诞生，它们的结构体制特征和组织特征是什么（包括组织模式、技术、知识、市场、同盟、人力资源、社会资源、财政资本和合法性），当然还包括它们生存和发展的可能性。

总的来说，组织族谱有两个基本的维度：根源和附属性。前者指一家公司以何种方法隶属于一个组织族谱，可能是"诞生"，可能是"联姻"。一个组织可能属于两个原子家庭：在一个家庭中，它可能是个孩子（新企业、新并购而成），在另一个家庭中，它可能是父母（最初的创建者或并购者，或实施并购行为的组织原雇员）。前者称为孩子或导向之家；后者称为夫妇或繁殖之家（de Nooy，Mrvar，and Batagelj 2005）。

第二个维度是附属的本质：内生的或异族的。在内生附属关系中，如果一家公司是通过"诞生"和某个族谱相关联，它就被视为族谱的成员之一。相应地，我们在公司族谱中划出六种类型的成员：（1）创建父母，族谱的鼻祖；（2）独立的新型企业（de-novos），由从孵化公司离职的独立企业家创建；（3）剥离公司，原属孵化公司的一个部门或后代，之后成为独立的实体，孵化公司持有其股份（Ito and Rose 1994）；（4）由孵化公司成员创建的公司，或孵化公司直接成立的新企业；（5）并购的公司，被同一个族谱内的公司所并购的公司，也就是说，被孵化公司或其后代之一并购；（6）合并的公司，由两家或两家以上公司合并而成，其中至少有一家已是族谱的成员。

在异族附属关系中，对公司的定义是，如果它的根源来自另一个族谱,而且是通过"联姻"和本族谱发生关联,它就是某个族谱的异族成员了;因此,新加入的成员是联合创建者或联合并购者。所有异族源头的公司都至少隶属两个族谱。它们是连接不同族谱的纽带。每个族谱线都表现出不同的复制过程和路径,导致不同族谱间不同的特征和关系。

　　一家公司属于一个族谱的方式也许会随着下列特征而变化:孵化器数量(一个或多个创建者或并购者),孵化器来源(创建公司或来自同一族谱的老员工、在同一产业内的外部族谱或不同产业的外部族谱),产业类型(新公司留在或脱离同一产业)。族谱可能会发生不同的变化,诱因包括成员间特定的关系类型。和人类的族谱不同,后者往往是根据族谱路径线性发展,组织族谱根据亲属关系和线性关系而变化。族谱往往受文化或社会规范和规则的约束,由它们决定谁有权行使繁殖的角色、亲属关系程度及其相关的社会和其他角色(Fox 1984)。因此,一个族谱由祖先(真实的或神话的)创建,由子女和子子孙孙发展而成(Fox 1984)。请注意族谱受创建源头的影响,也就是说,新企业是否由同一个族谱或同一产业内的不同族谱的公司原雇员(一位或多位)创建,或由同一个或不同产业的两个相对独立的族谱内的创建者联合发起。

　　我们的族谱演进视角超越亲属关系的家族社会准则。例如,跨亲属关系(可称为一种"乱伦")在我们的研究中相对比较普遍。当一个剥离公司由父母之一与族谱内某个孙子辈或重孙辈联合创建企业时,这种关系就出现了。另一种情况是,一个剥离公司由父母之一和有血缘关系的后代(例如,和人类的血缘关系类似兄弟姐妹、叔侄等)联合创建公司。最后,多代族谱研究使我们不仅能辨识出不同寻常的代际间关系,如"乱伦",而且能识别出能力超强的成员,比如那些在后面数代都能创建新企业的创业家。

　　我们设想族谱的结构和特征,及其最终的规模,受特定的遗传和亲属关系的本质的影响。创建公司及其沿着不同年代而出现的后代之间的关系塑造了族谱的发展或效能,这点是由新派生的公司数量来衡量的。我们试图理解创建母体对整个族谱演进轨迹的显著影响,并最终对各自的产业的影响。通过这种研究,通过分析代际间关系传输的特征,我们得以拓宽继承的概念内涵(如,Jaffee and McKendrick 2006;Klepper 2001;Phillips 2005;Beckman and Burton 2008)。

32

结论

我们所采取的族谱分析法的基本假设是:首先,新企业的演进路径受创建条件和组织特点的印记效应的影响,这种特征在创建阶段塑造了企业特征;第二,那些特征在每一代间传递。因此,孵化企业早期的生态可能会影响后代能力的塑造及后代如何演进(cf. Helfat and Lieberman 2002;Carroll et al. 1996;Ganco and Agarwal 2009;Klepper and Sleeper 2005)。

这种主张预示着父母特定的"基因"特征被后代所继承(Agarwal et al. 2004;Chatterji 2009;Gompers et al. 2006;Klepper 2001;Phillips 2002,2005)。而且,我们注意到:派生创业企业的创建者携带如下"基因因子":经验、技术、做法和知识,并且把它们应用于新组织;因此,它们塑造了"新企业行为"(如 Beckman 2006;Boeker 1997;Kraatz and Moore 2002)。因此,创建时做出的人力资源规划也许和创业企业的效率和存活概率相关(如 Baron and Hannan 2005)。

值得一提的是,继承模式的相关性和情景因素相关联。比如,Chatterji 在 2009 年发现,在医疗设备产业中,成功的剥离公司从孵化公司继承的并非是技术知识,而是非技术知识。携带着父母的"基因因子"也许为后代带来现实的收益,有可能后代能引入从某种程度上和母体公司活动相关的创新和做法(Bankman and Gilson 1999)。这是因为它们从母体公司学会了知识和策略来开发相似的产品和服务

(Franco and Flison 2006；Agarwal et al. 2004)。携带这些基因因子的行为反映了后代与母体组织的关系本质,后者对其活动类型、生存和成功的前景都产生影响(Eckhardt and Shane 2003；Klepper 2001；Romanelli and Schoonhoven 2001；Shane 2000,2001)。

而且,族谱的基因构成也许决定了效能弹性或派生新公司的前景。在组织学术语中,我们可以假定特定的族谱特征能够预测可能诞生的新组织的类型及其组织特征(比如组织模式、技术、知识、市场、同盟,对人力、社会、金融资本的获取等)。最终,源于*基因变异*的不同的族谱特征存在于后代、家庭或族谱线的分支内或之间,这些特征以连续的线性模式由父母直接传给后代或间接从第一代传给后面的某一代。

族谱一般起源于某个母体公司,这个公司的特定价值观在之前有所介绍。然而,随着时间的推移,一个族谱的存在依靠其母体公司持续存在,为后代公司树立榜样。因此,母体公司需要设立一套价值观,它能经受岁月的洗礼保持稳定,如此,在族谱中的新生代内诞生的新公司就能向创建母体进行膜拜和学习,效仿其价值观,并产生印记。

如果价值观体系一直变化而无法稳定下来,族谱中不同时间点诞生的新公司可能会吸取不同的价值观,也许不认为自身属于同一个族谱。请注意我们谈论的是"本质"价值观,不管环境条件如何变化,它都能为后代提供稳定的指导。为保障族谱的发展,稳定的价值观包括:创新的责任感、维护和发展核心专业人力队伍的责任感等。除价值观之外,母体公司还存在一些惯例,这些日常惯例也应保持稳定,才有助于转移到新生代上去。

本研究所采用的族谱分析法旨在探寻新企业如何通过祖先的重新组合或互动而诞生——尤其是,哪种类型的网络结构产生哪种形式的族谱后代:多代重合的、平面的、分散的或聚集的(可参阅 Saxenian 1994)。同时,我们也认为族谱演进体现出多样的特征,因为处于族谱结构中不同位置的后代会发生变异。在这种情况下,族谱中的公司创

33

造后代,后者和父母或类似,或不同;遗传能力或更强,或更弱。

族谱的演进过程、结构、公司的组成都依仗所处的环境。在我们的研究中,我们假设以色列高技术产业的细分市场、产品、技术和市场地位,由遗传因子和创建大事记所塑造。反过来,这些元素构成了一定的变异。变异机制成为一个持续的筛选过程的温床。筛选的标准已经由退场变异所决定。源于不同创建大事记的族谱结构代表了持续的变异构造。这些构造是那些族谱筛选及附属的公司的全部成分,并和一定的环境相适应。

在族谱分析法中,我们试图更进一步去理解一个产业的演进,主要通过采用两阶段的视角法。第一个阶段涉及创建初期的条件如何塑造企业习性及创建母体的技能。第二个阶段则涉及这些企业特征如何随着时间推移最终转移给后代。谈到企业习性,我们指的是情报系统、技术及参与创业过程的员工的主动性因子(Shane,Locke,and Collins 2003)。技能组成,在定义上是指"创业知识",由能力、技能、惯例、管理蓝图等组成。这种知识,既可以是显性的,也可以是隐性的(cf. Nonaka,Von Krogh,and Voelpel 2006)。两种类型都对知识累积至关重要,正是这种累积才能实现新公司的创建及一个产业的演进。辨识并物质化创建机遇的能力是从创建母体获取的,它从母体开始代代相传,同时保留了创建母体在岁月长河中派生新企业的习性。从不同父母转移到后代的技能正是族谱演进多样性的来源。

第三章是基于族谱传输的概念,尤其是印记理论。我们描述了不同历史阶段如何哺育不同的创建族谱母体,创建母体的起源事件是否或如何导致以色列高技术族谱的形成,及这种过程如何塑造整个产业的演进轨迹。

第三章　创建期的经济条件和族谱的创建父母

　　我有一个很单纯的冲动,去创造一个全新的事物。但是有一天,这种冲动发生了变化。我渴望为其他人创造东西。我记得在创建企业后的数年,公司为员工及其家属组织了一次亲子日活动,其中许多人是来自俄罗斯的新移民。我们带他们在 Galilee 四处观光。看着满载着移民家庭的巴士,我想到"我对这些人有责任,我要为他们提供力所能及的帮助"。突然,一个念头在脑海中一闪而过。"我有责任为这个国家做贡献"。这一幕也让我回忆起我的祖父不厌其烦地重复他"抽干湿地、征服沙漠"的探险故事。当然,众所周知,我们每一个人都生活在上一辈的开荒故事中,他们合力建设起我们的祖国,我们在课堂上也唱道:"我们会赋予你坚强的品质……"我记得,当时我暗自笑了,并萌发了一个主意。目前我正在用创新技术在全球市场上建立祖国的威望——如果我的祖父还健在,他会怎么评价呢?

　　　　　　　　　Yitzhak 采访摘录,一系列通信公司的创建者,

　　　　　　　　　RAD 族谱,2006 年 5 月

印记理论强调初期条件的重要性，支持我们所采用的族谱法的基本逻辑。我们认为历史是重要的。本章的开篇部分分析公司创建过程中存在的社会经济和政治条件，我们认为这些公司是族谱创建者（见附录）。通过研究创建历史，我们将呈现以色列高技术产业演进路径的历史环境。有必要指出记录这些历史条件和事件会是一种挑战，因为一家公司的创业事件往往没有记录。

36　　　本章大部分内容围绕每个族谱的单个创建事件展开并进行了翔实的描述。我们对以色列高技术通信领域的创建公司的历史遗产进行了描述和分析。我们通过各种渠道追踪其创建故事，还尽可能地从创建者及相关管理人员那里获取佐证。通过揭示每个创建公司的各自故事，我们可以辨识出其起源事件和初期条件，根据我们的理论，正是它们对不同的族谱产生完全各异的影响。

我们研究那些在以色列形成期及近期的社会经济和政治历史环境下创建的、富有冲锋精神的公司，主要按两个时间段来考量：1977年以前及以后。在1977年，以色列的政治经历了巨大的变革，工党在选举中失败，右翼和自由党执政。"合作机制"期（1977年以前）的经济特征是极大依赖政府干预和支持。"竞争"期（1977年以后）的特点则是程度相对较高的环境不确定性和竞争型经济（Ben-Bassat 2002）。以色列的社会运动和工党推动了第一个经济期，自由党则引导了第二个经济期。正如本章所说，我们面临的挑战是如何正确认识历史对以色列高技术产业演进路径的塑造过程，这种洞察力非常重要。

历史的遗产

接下来，我们会描绘两个历史阶段，它们塑造了以色列高技术产业完全不同的演进路径。第一个阶段，合作体制经济期，标志着以色列国家的形成期，及其中央集权的产业发展政策。第二个阶段，竞争型经济期,标志是向市场经济的转型,反映了国家激进的私有化政策。

形成年代:合作体制经济

以色列国家在形成期凸显一个标志性理念,即强调集体利益高于个人利益,凝聚全体人员的资源用于国家建设(Aharoni 1993;Daniel 1976;Greenberg 1987)。在这个阶段,以色列社会形成了人口的、地域的、社会经济基础,并巩固了由三个核心元素构成的理念:(1)国家价值观——为全体犹太人民建立一个政治独立的祖国;(2)经济价值观——确保经济独立;(3)社会价值观——创造一个建立在公平、稳定、责任感和互帮互助基础上的社会(Greenberg 1987)。这些理念的三元素不仅塑造了新的以色列国家的演进及其体制,而且塑造了创建这个阶段的组织的特征。[1]

三大体制的支柱——政府、执政工党和工会在塑造以色列社会和合作经济方面发挥了重要的作用。第一大支柱,即政府,负责设计并贯彻中央集权和保护性政策,后者旨在刺激那些我们现在认为和国家建设相一致的产业。第二大支柱,即执政工党(Mapai),是政府的政治力量基础。Mapai 为政府输送政治家和技术专家。他们作为"政党特使",贯彻并监督其支持的政府政策施行情况。我们认为,在合作经济期,国家和执政党是彼此依赖的,因此它们之间的界限很模糊(Horowitz and Lissak 1989)。虽然以色列多党制总是通过多数人的联盟进行执政,赋予小政党一定的话语权和权力(Eisenstadt 1969)。然而,在以色列形成期,国家建设的遥不可及的目标——政府通过创造合作产业,在指导经济中发挥主要作用——在以色列社会的方方面面都起着主导作用(Aharoni 1976,1993;Daniel 1976)。

第三大支柱是由国家工会 Histatrut 所领导的各级工会[2],及其经济武器 Hevrat Ha'Ovdim。[3]这些体制的最近期目标是通过增加成员在国家收入方面的增长来改善其工作和生活条件。这使 Histadrut 在创建、拥有、管理产业和公司方面发挥了积极的作用(Daniel 1976)。对工会所有权和管理的介入加速了"管理型经济"的形成,在这种经济情况下,创建和管理企业的标准与增加就业机会这一社会目标有很大的关联性(Daniel 1976)。

以色列的产业发展演进与三大主要需求相关,后者几乎影响着社会和经济的各个层面:国家建设和安全需求、大量移民潮的整合和经济发展。在 20 世纪 50 年代初,以色列的人口增长超过 100%。当时约 60 万移民从战后的欧洲、亚洲和北非的阿拉伯国家纷纷抵达此地。这批移民在伦理、文化背景、教育水平、技术和职业方面都十分不同。这对尚处于起步阶段的以色列社会而言无疑是巨大的负担,因此迫使其迅速进行结构改革。结构改革的标志就是国家对资本和劳动力市场的高度干预和规划,包括对政治和经济各领域的联合干预(Levi-Faur 2004)。[4]考虑到迫在眉睫的任务是为新移民提供工作,劳动密集型产业承担了主要职责,最突出的是农业。为大规模开发农业资产,第一条产业政策出台。它旨在用本土生产来替代进口,以此缓解外汇缺口。Barkai 在 1990 年观察了以色列国家形成期内三种不同的阶段,它们的社会、政治、经济情况各有特色。第一个阶段是紧接着"二战"的时期(1945—1947),被称为*经济过渡期*,是国家独立前的阶段。虽然社会仍旧处于政治狂热期,大家却认为社会发展良好。而且,此背景下的现代经济结构比较稳固,它是基于发达的农业和迅速发展的工业。第二个阶段,战争经济期(1948—1951)。当时动员经济部分原因是那时面临的敌对势力,部分原因是为了照顾大量的新移民。政府在建设胚胎期经济和金融体制期间承担着高额的开支。第三个阶段,经济发展期(1952—1956)。当时新的经济政策出现,它巩固了国家的工业、社会经济和政治结构。这个阶段,由于外国资本的涌入,私有领域(主要是工业)持续增长的加入,经济活动十分活跃。这个阶段的大事件也帮助塑造了以色列福利社会、促进政府参与经济发展,并发挥重要作用,包括金融市场及扩张以色列总工会的经济力量。在 20 世纪 60 年代,政府又采取新的举措来增加出口。通过资助出口公司,有选择地鼓励特定的产业,比如纺织业,人们对它们在国际市场上的预期表现持积极态度(Shafir and Peled 2002,58)。

　　国家建设的普遍理念意味着国家扩大其影响力,实施综合的经济政策。就以色列而言,这些政策不仅为产业发展提供了直接的刺激,而且塑造了所有制结构(Aharoni 1993)。大量的研究都阐述了国家及其官僚机构通过特定的政策在规划、指导、组织产业发展方面的重要性,通过具体的政策,对与国家意识形态一致的产业进行资源导向与直接刺激。Levi-Faur(2001)声称以色列的政治选择塑造了产业发展的路径,不过既不是市场机制的经济优先,也不是个体企业家的政治影响(p269)。他在稍后又表示国家通过与其他社会和经济因素斡旋来塑造产业发展,是基于四种条件界定的模式:高度国家自治、弱社会角色、清晰的中央政策和政策施行的社会流通。相应地,鼓励私有产业和私营企业家的出现并使其成为产业冠军,是国家战略的直接必然结果。更不用说它对私有产业,而非国有产业进行评估,代表了产业发展的最佳机制。在以色列形成阶段,它的国家建设目标——其理念的第一支柱——产生了有助于私有产业作为产业主要引擎的刺激和政策。

　　以色列的社会主义遗产对国家的经济发展有旷日持久的影响。这是一个多元化的、复杂的社会。长期动荡的地缘政治立场塑造了国家经济——尤其把国家安全的经济负担和国家形成期的社会政策耦合在了一起。而且,在以色列建国初期,政府对经济活动的每个层面都介入较深,包括对经济资产的实质性掌控,引起了资源配置的严重不合理。以色列经济和政府过份介入两极化现象引发了家长式的体制,最终导致了大多数企业都依赖政府。正如 Aharoni 在 1993 年所说"政府的干预从最初的配给、点对点决策和管理控制转移至对几乎所有资本来源及补贴额度的管理配置"(p14)。

　　在建国初期创立的许多主要企业的组织结构和理念，均由新国家增长的经济和政治挑战所塑造。社会上流行的理念引发了新组织形式的建立，比如 Kibbutz 和 Moshav。一方面，各种产业合作体希望"使沙漠繁华起来"，另一方面，"在合作的基础上团结那些从事任何工种的或参加农业培训的劳动者"（以色列总工会宪章，1952，12）。对国家和社会价值观或国家和工党体制不加以区分，导致所有制和掌控之间的界限变得十分模糊。比如，以色列总工会既是员工的雇主，又是他们的唯一代表[5]。

　　一个例子是 Koor，作为一个产业集聚体，它由 Hevrat Ha'Ovdim 所拥有，是以色列总工会的经济武器。Koor 反映出以色列在建国第一个十年期间的商业文化，由犹太复国主义运动目标、政府、政党及工会的特殊关系衍生而来。它是 Solel Boneh Construction 的剥离公司，前者由以色列总工会于 1924 年在 British Palestine 创立，旨在探索犹太复国主义者修建公路和建造大楼的目标。通过 Solel Bohen，以色列总工会为定居者提供了生活保障，试图在巴勒斯坦创建一个新的国家。公司早在 1944 年就开始酝酿独立，当时它建立了称为 Koor Industries 的产业武器。如前所说，Koor 不仅通过多样化的经济活动追求经济目标，而且承担其他的社会和国家责任。例如，"二战"后，它雇用了许多集中营的幸存者和来自阿拉伯国家的难民，并且为这些移民提供大量的培训和工作机会，覆盖城市和偏远的乡村。后来，由于它和以色列总工会关系紧密，Koor 常常从员工福利的角度出发来做出商业决策，而不是纯粹为了盈利。Naftali Blumenthal 于 1977 至 1982 年担任 Koor 的 CEO，他骄傲地回忆道：

　　　　每年，我能展示的不仅是一张财务收支平衡表，而且是一张社会平衡表，它反映了 Koor 的社会价值和成就。（访谈，2010 年 8 月）

而且,从建国初期的十年到 20 世纪 60 年代中期的经济衰退期,以色列的经济增长相当迅猛。一个重要的结果就是大规模公司的资本积累,这些公司中很多都由以色列总工会所拥有。在这个阶段,只有少数在以色列处于领先的公司是私有的。Hevrat Ha' Ovdim 成为工党政府的经济武器,被用来实现这一年轻国家的政治和经济目标:集聚全世界各角落的犹太人民在此安家落户、提供就业岗位、增强国家防卫能力。

谈到创业,有人也许会说 20 世纪前 50 年间,以色列境内的以色列社区这个三重理念不仅塑造了这个国家和体制,而且指引了企业倾向性。所有具创造性的和创业精神的资源都被利用起来,来实现犹太复国主义者的梦想:让"灭绝"的希伯来语重新焕发生机;从整个欧洲、亚洲和非洲吸引回成千上万的犹太难民定居祖国;建立吸引人民的经济体制;创造出一个出色的学术体系;建立一支高效的军队和精密的防卫工业。这些大量的努力不仅需要创造力、发挥力和勇气,而且需要延迟满足的能力。这些重要的能力在未来数年,即在竞争经济期间发挥了重要的作用。

关于私有企业家的创业精神,回顾历史,合作环境限制了私有创业产业充分挖掘其原动力和资源的能力这一发展过程。如果有很多主要的私有企业存在,其中大部分受到鼓励、支持,或被国家或以色列总工会指导。尤其是,政府给创建新产业的企业家丰厚的刺激鼓励,即通过资助那些为以色列建国后抵达的新移民提供就业岗位的企业。典型的例子就是在 20 世纪 50 年代期间的纺织业,当时该产业逐步在南部地区的发展中城镇创建起来(Drori 2000)。

而且,所有的创业活动都必须在业已存在的体制内进行。Bonne在 1958 年说过,以色列缺乏创业刺激,这种驱动力往往源于或繁荣于中产阶层,这和那些在西方国家发展中扮演重要角色的驱动力类似。尤其值得一提的是,和商业成功相关联的个体价值观、地位、财产和个人利润往往缺失。历史告诉我们，犹太先驱者们在"一战"后移民至以色列，他们并不代表具有中产阶级理念的群体。他们也不是创业群体的一部分，创业群体能够推动新的经济活动领域的发展，或推动非传统方法的经济扩张。而且，如果把社会理念和犹太复国主义运动联合在一起考虑，后者融合了两者并推动国家复苏，为日益增长的集体企业实力提供优质的土壤，这些企业往往有强有力的工党组织做后盾。在这种国家和社会环境中，任何一种创业活动都不应从个体利益或野心来诠释，而应从公众利益或犹太复国任务的角度来思考。

转型年代：竞争经济

在 20 世纪 80 年代，以色列的政治和商业环境发生了变化，变得更加全球化、更具竞争力。东方和西方拉近了彼此的距离，西方资本主义体制在全球更具影响力。以色列整个国家也经历了政治变革，面临更多挑战，不得不为了自己作为实体的存在而奋斗，而且也为了国家的社会经济生存而努力。尤其在 1977 年，出现了历史性的转折点——以色列的政治地位具有举足轻重的社会经济含义。当年，以色列经历了一场政治变革，工党在选举中失败，右翼和自由党获胜，即 Gahal（希伯来语中指 Gush Herut 自由主义），意思是国家主义的 Hertu Party 和自由党的联盟。随后，外汇条例和旅行税相继出台，并降低进口商品的价格。很快，事实证明以色列的经济还没有准备好应对如此剧烈的变化：收支不平衡日益加剧（1977 年选举后的数年里，外债占 GDP 的 80%）、进口商品数量激增、通货膨胀率大幅上升（每年超过 400%）。

而且，新的执政方意图改变或正在改变许多工党的"神圣"机构的地位，比如基布兹（Kibbutz，以色列的一种集体农场）。这类合作制农场经历了严重的危机，几乎毁于一旦。

在 1985 年，以色列经济处于严重的危机边缘，导致经济政策发生剧烈变化（Ben-Bassat 2002）。经济维稳计划于 1985 年 7 月开始施行，不仅遏制了以色列经济继续恶化,而且标志着该国经济从社会主义政体(政府介入程度深),向现代化的资本主义政体(市场为主导力量)转型迈出了第一步。

1985年以后经济政策制定者的主要目标就是为私有商业领域提供大量的刺激,以促进经济增长。为实现这一目标,政府逐渐缩小花费规模,对商业领域所需资源逐步自由开放。政府甚至迈出了勇敢的一步,即大胆削减国防预算,这也是当时全球的趋势。而且,当时以色列和阿拉伯之间的冲突逐渐减弱,国防领域的经济准则更加规范。政府有步骤有方法地为投资和发展创设了一个舒适轻松的经济环境,以保障商业对劳动力和资本的吸收。而且,政府在国家主要的市场尝试了结构改革,以减少对日益衰败的国家或工会掌控的企业的指导性资源的干预。所有这一系列举措都旨在使市场更具竞争力。最后,新维稳计划制定了货币政策,通过赋予金融和资本市场更多灵活性来支持其发展,维持相对稳定,极大地降低了真实的利率。

到20世纪90年代,理念的转型和全球化趋势使以色列经济受到国外的影响,政府对商业活动的干预进一步缩小。随着时间的推移,这些趋势都对本土市场自由化,及大规模的大型国家银行和企业的私有化产生了有益的影响。自由化进程的一些显著结果包括:对外投资增加、在国外证券交易所发行的以色列公司股票增加、贸易顺差加大。同时,新自由主义的理念和政策基于国家对经济干预的减少,福利和社会服务的大幅削减。因此,以色列经济呈现出自相矛盾的趋势。一方面,高经济增长率,2006年达4.9%(以色列银行,2007);另一方面,经济和社会不平等性加剧、福利服务退化、弱势群体的经济状况下滑和居高不下的贫困人口数量。例如,2004年,20.3%的家庭生活在贫困线以下(以色列银行,2005)。同时,以色列经济结构的变化促进了全球市场活力竞争优势的构成,这是通过对人力资本的高额投资实现的。

此外,社会向市场经济转型,这和政治力量和理念转型同步发生,它带来了收入和社会的不平等,由此引发了两个经济体制并存:现代的和传统的。第一种体制建立在国家先进的技术和以知识为基础的产业上,包括先进的服务业和金融业,它们呈现出大幅的增长,完美地融入了全球经济。第二种体制是领先度较低的服务领域,这一领域生产力低下、发展缓慢,在本土和全球市场毫无竞争力。而且,经济的快速现代化,尤其是通过激进的私有化进程,导致了少数一些强有力的商业集团重组,这些集团加速了国家财富和权力的不对称分配。

事实上,促进以色列经济发展的全球的和本土的大事件有:(1) 20世纪90年代的信息技术(IT)革命,伴随知识密集型产业的崛起,劳动密集型产业的下滑;(2) 20世纪80年代以色列总工会的垮台,包括其资产的剥离;(3) 许多大型国企纷纷私有化,特别是主要银行;(4) 20世纪80年代晚期和90年代早期,人力资本大量涌入私有产业,主因是苏联的大量移民和国防产业的剩余工人纷纷加入。这些事件导致了私有产业占据了统治地位,以色列商业精英构成的变化(Aharoni 2007)及高技术产业的高速发展。

也许有人会说,步入20世纪90年代时,以色列不仅推行完全不同以往的经济战略,而且有一整套转型的社会经济价值体系。把*国家*、*经济*和*社会*三者有机结合的理念是在合作期逐步发展并形成,并体现于合作运动中,不再占支配地位。国家工会和工党已发生转型,为新的理念和新的政策及价值体系让路(Yaar-Yuchtman 和 Shavit 2001)。20世纪80年代初,以色列的经济处于困难时期,随后的维稳计划对改变提出了要求——改变经济体制、国家价值体系和文化。体制引导下的企业精神对新竞争型环境或新兴的高技术产业的动态特点都不太合适。许多来自国防产业的产品、发明或主意过去都是绝对保密的,现在却对民用产业自由开放。甚至是所谓的"遗弃者"——总理 Izhak Rabin 在1976年用来嘲笑那些为了赚钱、学习或去海外工作而敢于离开 Kibbutzz 或以色列的人——都取得了合法地位。后来他们成为新一代的先锋,他们愿意放弃自己在海外成功的事业回到祖国,推动本土高技术产业发展和繁荣。友谊、创造力、即兴创作能力、勇气等品质,正引导着国家的高技术产业。个体和国家为集体利益而抛弃自身利益的品格正转变为对投资额度及退出时机的精打细算——换句话说,正转变为发展平衡探险和开发的商业战略和组织体制(1991 年 3 月;Lavie, Stettner,and Tushman 2010)。

历史遗产的综合方法

所描绘的两个阶段都影响了以色列高技术产业的演进道路。以色列过去的合作模式提供了早期机遇,因为政府对那些被认为对国家建设很重要的产业进行介入,提供资源和激励。竞争型环境,一系列的产业政策出台,被证实对以色列信息技术通信领域的出现及其与全球建立联系有所帮助。虽然这些阶段从根本上说是不同的,但是我们应该承认两者都塑造了以色列高技术产业的出现。因此,对于它们彼此关系的理解就需要仰仗综合推理——基于两个元素的特殊的推理。第一,直接或间接源于合作阶段或竞争阶段的关键特征的体现。第二,新特征,它代表了对竞争期的适应性。然而,这两个元素都是植根于历史进程中的。

为阐明我们的观点,我们来看一下以色列国防业,因为它和民用高技术产业的出现有直接的关联。以色列在建国初期就建立了国防业。但是该产业的基础在之前,即为独立而奋斗期间就已打好(http://www.imi-israel.com)。在六日战争(即第三次中东战争)后,随着法国的武器禁运,以色列政府决定采取自给自足的举措,使国家摆脱一味依赖国外供应商的境况。因此,全国上下齐心协力开发了一套精密、卓越的武器体系,所有资源都向军工业和国家实验室倾斜(Dvir and Tishler 1999;Sadeh 1995)。通过这种方法,以色列的国防业赢得了特殊地位——国家核心产业,并由此获得了政府的慷慨资助。有必要指出,出于国家利益考虑,政府也拥有该产业的大部分所有权(Bonen 1995;Galai 和 Schachar 1993;Klieman 1992)。正如 Drori and Landau (2011)所说:

> 通过为国防业研发产品和服务,政府和国防业的关系得到了进一步的强化。这些都是赢得国家创新的、高质量优势的独特秘诀之一,并进一步增强了政府和国防业的彼此依赖性。这种互相依赖使国家目标和优先发展重点出现在了前沿领域。有时候国防业所受到的关注和待遇甚至超越了经济和市场。(p4)

20 世纪 80 年代,无论是全球还是在以色列国内,更加宽松的地缘政治氛围出现了。尤其是随着"冷战"的结束,以色列和约旦及埃及的和平进程发展,政府的关注重点发生了极大的转移。主要来说,鉴于对国防业产品和服务需求日益减少,以色列政府削减了国防业的资源配置额度(Sadeh 1995)。一度依赖政府的国防业开始面临严重的生存危机。到 20 世纪 90 年代初,国防业明显已处于选择的交叉路口:要么进行改革,要么就有瓦解的风险(Dvir and Tishler 1999)。

虽然这一危机对国防业产生了负面影响,不过也为其提供了难得的机遇。正是这一危机迫使国防业进行"转变",通过研究民用商业领域的前景来重新焕发活力。因此,在 20 世纪 80 年代和 90 年代全球和本土市场需求萎缩的情况下,政府通过撤资降低了支持力度,同时产业把军用创新和技术逐渐转向民用业的各种应用(Blum 和 Thsler 2000;Dvir 和 Tishler 1999)。这一转型引发了产业的变化,反映出重心转移的趋势——开始投资创新产业和技术产业,以挖掘更多民用市场上的机会。而且,国防业对新商业模式持更加开放包容的姿态,包括合资企业、合伙制、研发领域专业知识的外包等。这种转型的必要性使国防业重新评估主要目标的价值,重新审视其主要任务和奋斗目标(Ringer

和 Strong 1998)。

族谱创建母体公司的历史背景

接下来,我们概括一下两个时期高技术族谱的演进——合作体制期和竞争体制期。这些族谱从某种程度上反映出它们的过去,这种历史对它们的演进轨迹有很大影响。我们将详细描绘导致这些族谱的创建母体出现的事件,并说明在创建期间占主导地位的社会经济条件。

为辨识以色列信息技术通信产业创建母体的族谱,我们收集的数据源自以下两大来源:以色列风投(IVC:www.ivc-online.com),它列出了所有自 1948 年以来在以色列建立的技术公司;采访 65 位高技术企业和风投企业的 CEO 及创始人。利用 IVC,我们编纂了和通信相关类群的所有公司。首先,我们搜寻那些早于 1985 年创建的公司(根据 Breznitz 2007,20 世纪 80 年代初期是以色列现代信息技术通信产业的萌芽期)。我们发现有 18 家企业的创建时间早于 1985 年:BA Micorwaves, Comverse Technology, ECI Telecom, Elisra, Fibronics, Gal-Op, Galtronics, Leadcom, Microkim, Micronet, Motorola Israel, Orbit Technologies, RAD Data Communications, Source of Sound, Telco, Teldor, Telrad Networks 和 Tadiran。我们发现每一家公司都派生、兼并或并购了其他企业。通过访谈,我们进一步确认是否信息技术通信产业的所有创建母体都在这组名单中,到底其中的哪家公司可被称为"以色列信息技术通信的创建母体"。经过采访,五大公司脱颖而出:Telrad Networks(Telrad)、Tadiran、ECI Telecom(ECI)、Comverse Technology 和 RAD Data Communications(RAD)。然而,通过族谱分析,我们发现其他三个相对重要的族谱,Elisra、Orbit Technologies 和 Motorola Israel(MIL),它们都在合作体制期发生演

47 进。而且，一个重要且特殊的族谱，即 Fibronics，在竞争体制期间发生演进。有趣的是，虽然许多被采访者并未提到 Frbronics，它对以色列信息技术通信产业的演进却产生了巨大的影响。其他九大公司（四家建于合作体制期，五家建于竞争体制期）没有任何剥离公司的记录，所以不纳入我们的研究范围。最后，需要注意的是，只有信息技术通信公司在创建母体名单上。因此，诸如 Koor 等持股公司或 Solel Boneh 等建筑公司就不属于研究对象。

表 3.1 反映了创建母体公司可被分为两组群落：一组创建于合作体制期，一组创建于竞争经济期。第一组包括六家公司：Telrad、Tadiran、Elisra、Orbit、ECI 和 MIL。我们可以看出，只有 Tadiran、Telrad 与 Koor 及工会有关联。ECI、Elisra 和 Orbit 都是私企，而 MIL 是美国公司的一个分支机构。前四家公司，Telrad、Tadiran、Elisra 和 Orbit 以本土体制市场为导向，至少在它们创建后的 10 到 20 年间是如此。虽然 ECI 在 1965 年创建时属于个体经营类型，但是它以体制市场为目标不懈努力，最终公司领导层于 1977 年把企业成功转型为私有企业，并相应改变了企业目标和文化。其他所有的创建公司都在政治变革（右翼及自由党上台）后、维稳计划前出现——也就是说，在经济从体制的、中央集权的向竞争的、私有制转型期间出现。而且，本组中的所有母体公司创建时都是个人的私企，有各自不同的目标和价值观，处于不同的商业环境中。也许有人会说，ECI、RAD、Fibronics 和 Comverse（包括其他产业的一些企业）在 20 世纪 80 年代早期启动的信息技术革命中属于先锋队员。

合作体制期(1951—1977)

如上所述，六大公司创建于合作体制期：Telrad Networks、Tadiran、Elisra、Orbit、Motorola Israel 和 ECI Telecom。这一部分我们概括它们的创建过程，各自创建时代占主导地位的环境条件。

表 3.1

九大族谱创建母体初期条件的主要大事记

	合作体制期						竞争经济期		
	Telrad	Tadiran	Elisra	Orbit	MIL	ECI	Fibronics	Comverse	RAD
创建年代	1951	1962	1967	1951	1964	1965	1977	1982	1983
公司诞生类型	美国合资公司和控股企业，受工会控制	由国防部拥有的两家私有制公司兼并而成，受工会控制	美国公司的子公司；1980年被工会控制的股份公司并购	创业企业：私有制公司	美国企业的子公司	创业企业：私有制公司；1980年被一家控股企业并购	两个私有制公司的合资企业	创业企业：私有制公司	创业企业：私有制公司
创始人	由拥有者和 Koor（CNEC 指定）经理	职业经理人（国防部总干事）	工程师，美国公司的拥有者	五位工程师	工程师（电子和工程工厂的管理者）	工程师（前美国上校，新移民）	工程师（系列美国公司的拥有者）	两位工程师兼金融专家	两位工程师（部队情报部门前首席科学家及电子设备机构拥有者）
首次上市	—	—	—	1991	1965	1990	1983	1992	—
首个市场环境	合作体制	合作体制	合作体制	合作体制	竞争型	合作体制	竞争型	竞争型	竞争型
	前期阶段：知识共享—2 知识共享合同。后期阶段：知识创造—投资研发	前期阶段：知识共享—2 知识共享合同。后期阶段：知识创造—投资研发	前期阶段：知识共享份知识共享合同。后期阶段：知识创造—投资研发	知识创造—投资研发	知识创造—投资研发	知识创造—投资研发	知识创造—投资研发	知识创造—投资研发	知识创造—投资研发

* ECI 于 1965 年创建时是一家私营企业，目标指向体制市场。在 1977 年，它的新届领导层把公司转型为私有制的创业企业，并改变了公司目标和文化。

Telrad Networks（Telrad）　　Telrad Networks（Telrad）创建于 1951
年,是 Koor 和 CNEC(Consolidated Near East Company)的合资企业。
然而,在创建期内,Koor 还是 Solel Boneh 的一部分,后者主要是一家
建筑公司。几年后,Koor 正式从法律意义上脱离了母体。Koor 的
CEO 是 Hillel Dan。代表 Solel Boneh 的联合创始人 Moshe Zitron 本
身并不是一个企业家,而是接受这个任务的项目经理。根据 Solel
Boneh 的多样化战略,这一举动背后的战略思考是加强自身的工业武
器,即 Koor。代表 CNEC(M. E. Moss 是拥有者)的联合创始人是 Lee
Ruthenberg。

　　20 世纪 50 年代初,早在 Telrad 的形成年代,Dan 就已经在该公司
工作了。他回忆道,Telrad 在那些岁月的愿景是:

　　　　Telrad 的首要商业政策是为 Lod 的居民提供工作(Lod 是
　　Tel-Aviv 附近的一个发展中城市),这些居民基本上都是新移民。
　　于是一家工厂拔地而起,为他们创造了就业岗位。后来,发展到
　　1965 年,出于同样的目的,又一家工厂在 Galilee 的 Ma'a lot 诞
　　生。你也许能够理解,商业政策日程上最重要的一条就是为员工
　　提供福利。至于赚钱,可能要排到第二或第三位了……(2005 年
　　10 月,采访摘录)

　　Telrad 的第一个产品是电话机。公司和两个欧洲企业签署了知
识合同——General Electronic Company(GEC,英国)和 Albis Wire
Telephone(AWITEL,瑞士),这两家企业为其提供所有相关的知识技
能。Telrad 是以色列第一家电话机生产商。国家邮政部则是国内第
一个采购其产品的政府部门。事实上,邮政部有义务用德国赔款去购
买任何 Telrad 生产的产品。

　　1962 年,Telrad 开始在以色列生产公用交换器设备。同时,它还

是第一个生产该产品的厂商。同时,国家邮政部成为其主要客户。20世纪60年代是Telrad的黄金年代,公司发展势头迅猛。凭借垄断型生产权,它把产品以极高的价格卖给国家邮政部,即以后的通信部和随后的Bezeq Ltd。当时在Telrad担任高级经理的Hillel Dan回忆说:

> 我们的员工接近800人。人们认为Telrad是一家大型企业。我们建造新的工厂,让其他人购买。我记得在一家新工厂的开幕典礼上,国内的大人物都悉数到场。我甚至记得西蒙·佩雷斯(以色列前总统)也来了……。Telrad公司内部结构也很特殊:没有很明显的等级制度,机械师的级别可能低于工程师,诸如此类。每个人的声望都是靠他的能力来决定的。我记得有些机械师并没有学术意义上的资格证书等,可却管理着整个部门的工程师,而且管理效果相当好。(2005年10月,访谈摘录)

50

在20世纪70年代,Telrad从不同的欧洲和北美公司引入知识,比如STR、Penta Conta和Northern Electric(即后来的Nortel)。和后者签署的商业协议到80年代至90年代就对Telrad的发展显出了重要意义,因为这些协议意味着公司的技术和标准从欧洲转向北美。在80年代,Nortel开发了一个小型的数字电话交换机,Telrad对其进行采购并在以色列分销,最终市场份额高达60%至70%。

Dan对转型理性这样描述:

> 当我们把数字交换引入以色列时,它几乎横扫整个市场。在私有制市场,没有人再购买人工交换机了。他们都纷纷购买数字交换机,市场永远供不应求。事实上,那正是人工交换机通信的数字时代拉开了帷幕。我们虽然雄心勃勃,却未曾料想会取得如此巨大的成功。我们想也许这种辉煌只会持续几年而已,没想到20

多年过去了,它的身影依旧活跃在市场上。(2005 年,访谈摘录)

有意思的是,Telrad 虽然是 Koor 的一部分,也冒着技术革新的风险,它却保留了最初的社会价值观。Koor 的 CFO, Naftali Blumenthal 解释道:

> 多年来,Telrad 雇用了一大批贫穷的、辛勤工作的妇女,她们用双手为交换机编制金属丝隔层。她们只做这一件事,而且她们的能力也仅限于此。随着生产数字交换机的决定出台,她们在 Telrad 就无事可做了。当时负责这个战略变化的 CEO, Guri Meltzer,不愿意解雇这些妇女。他亲自去国家邮政部,提出了一个特别的请求:"请你们每年订购 5 台老式交换机。"结果,邮政部给予积极的回应。这样一来,Guri 就不必被迫解雇这些妇女了。(2005 年 9 月,访谈摘录)

到 20 世纪 90 年代初期,以色列已百分之百实现数字化,是当时全球少数几个国家之一。随着 Telrad 为 Nortel 研发特殊的与电话机相关的硬件,Nortel-Telrad 的合伙关系进一步深化。最终,Nortel 购买了 Telrad 20% 的股份,且不干涉其管理和运作。这一介入加速了 Telrad 从基本依靠购买技术转型为拥有自己的技术能力和知识。

51　经过十年的发展,以色列的市场逐渐趋于饱和,来自 Bezeq(以色列的电话公司)的订单急剧下降。此外,政府开始实施限制贸易法。为应对这些变化,Telrad 经历了一段阵痛期。公司不仅被迫调低价格,而且意识到自己没有自主研发的主打产品来替换数字交换机。而且,到 20 世纪 90 年代末,拥有 Telrad 股份的 Koor 自身也正陷于一场严重的危机。出于某种原因,公司解体,被卖给了 Claridge Group。

Koor 的私有化引发了它结构和文化的变化。并购实施主体带来了新的价值体系,于是工人福利和组织忠诚度沦为了次要目标,竞争力和盈利才是主角。对于这段转型,Hillel Dan 如此评价:

> Jonathan Kolber 加入了 Koor,他完全是个眼睛只盯着钱的生意人,他决定一点一点地变卖公司。他们把公司分割成不同板块,逐个出售。为了钱,他们毁了 Telrad。当时的 CEO,Reuven Avital,解雇了一批优秀的员工——那些了解产品的软件元老们——原因是出于节约成本考虑,他认为这批元老工资过高,这点很令人费解。他破坏了团队精神,以前那种欣赏给组织带来创新点子的氛围一去不复返。这都是 Reuven Avital 一手造成的破坏。当时,Telrad 拥有一套评级体系,为鼓励那些不擅长管理的专业人员而设,旨在赋予他们发挥才华的机会。对公司而言,只有这种方法才能鼓励这批人,并向他们传达公司对其工作的肯定。这批特殊的群体在公司发挥了重要的作用,而 Reuven Avital 完全摧毁了这一切。(2005 年 10 月,访谈摘录)

Telrad 从一家拥有 3 200 名员工、市值高达 8 亿美元的公司,发展到最后只剩 530 名员工。2005 年,它把 21% 的股份以 2 100 万美元的低价卖给了 Fortissimo Capital。在新的领导层带领下,Telrad 逐渐恢复了其在通信领域的领头羊地位。如今,公司重点聚焦集成网络解决方案,并在 IP NGN、门户、光学、地铁、企业、无线、转换器等领域研发产品。

Tadiran　Tadiran 由两家公司——Tadir 和 RAN,于 1962 年兼并而成。Tadir 是由一位名叫 Segnof 的美国人创建的,他梦想在年轻的以色列创建一家生产射电晶体的现代化工厂。Segnof 从美国购买了所有必需的设备,并邀请技术专家对新员工进行培训。工厂运用当时在以色列少有的先进技术及生产工艺。Segnof 本人十分关心员工的生活状况,并且引入了人力资源(HR)这一做法来确保员工享有平等的条件和权利。由于当时对晶体的需求相对较小,Tadir 创设了电子部门,开始研发车载收音机。1956 年,以色列与埃及之间爆发战争,军队对无线电系统的晶体需求量由此激增,结果自然导致 Tadir 的业绩一路飙升。同年,在军事通信装备生产上占有一席之地的 Koor 并购了 Tadir。

1932 年,Tel Aviv 南部的三位工程师创建了一家生产电池的工厂。他们都是来自波兰的移民:Rautenshtein、Aisenshtat(Ardon)和 Neuman。他们从德国购买机械设备,然后在自己的工厂制造其他的设备。

RAN 最终获得了巨大的成功,它生产的电池不仅畅销以色列,而且畅销约旦、叙利亚、土耳其和伊拉克。据 Aisenshtat(Haspel 1990)回忆,公司的独一无二性源于从欧洲工业购买传统的做法,然后把它们与生产过程中的科学标准相结合。RAN 的管理策略,正如其创始人所塑造的,强调技术创新、以市场为导向、注重员工满意度和健康。公司在"二战"期间继续保持迅猛的发展势头,成为英国部队的唯一指定电池供应商。在这些年间,公司扩大了产品线,从单一生产电池扩展到电子变压器、通风机和其他电子设备。

自以色列独立以后,RAN 开始更深入涉及国防产业。军队对电池的大量需求迫使 RAN 把大部分生产和研发的重心放在军用上。因此,在 1957 年,国防部并购了公司的一部分。

20 世纪 60 年代初,以色列国防部部长 Moshe Kashti 预测以色列国防军(IDF)对电子产品的需求将增加,这对年轻国家的生存十分关键。作为一个有魄力的领袖,Kashti 成功说服了同事,大家一致决定在国防业和私有产业内创建电子产业。这一举措的目标是减少以色列对外采购的依赖性。由于国防部持有 RAN 一大部分股份,而且是 Tadir 的最大客户,国防部具有接触 Tadir 的所有者——Koor 的优势,并邀请 RAN Battery Industries 和 Tadir 联合为一体,为以色列国防军研发并生产通信设备。Kashti 成功说服了双方的管理层,大家都同意兼并将使彼此都受益,有助于增强以色列的安全保障。于是,Koor Industries,Ltd. 购买了 RAN 其他合伙人的股份,兼并于 1962 年完成。数年后,Koor 持有了新公司 Tadiran 的全部股份。Tadiran 迅速成为以色列电子和通信产业的领军者。Kashti 邀请 RAN 的 CEO,Elkana Kaspi 担任兼并后公司的首任 CEO,而他自己则出任董事会首届主席(Barak 1987)。

53

这个商业活动作为范例很好阐明了以色列建国数十年间,高技术产业演进受社会-犹太复国主义价值观的深度干涉和影响。Kashti 并没有用当今的战略语言,如竞争或生存来思考。他完全相信下列四个因素塑造了其本人作为国防部部长及之后的 Tadiran 董事会首任主席的角色:(1)以色列的存在依靠自身国防能力("……被封锁的人民必须发展军事产业");(2)以色列的安全依靠健康良好的经济;(3)以色列应该在涉及国家安全事务时,具备独立处理能力;(4)基于以色列的经济能力和人民的才华,以色列完全能做到以上几点(Naor 1977)。实际上,Kashti 的精力、远见和决断力是电子通信产业发展及其应用在武器系统、航空业、火箭等产业中的背后推动因子(Yona 2006)。

作为一家新公司,Tadiran 发展为军用通信设备的一站式商店。作为控股公司,Koor 通过新技术、知识获取和合并使它发挥其实现多样化战略的枢纽作用。1969 年,以色列国防部把所持有的 Tadiran 的 50% 利益股卖给了美国公司 General Telephone and Electronics Corporation(GTE)。这一新的所有制结构使 Koor 有机会接触 GTE 最顶尖的技术,并辅助 Tadiran 一跃成为以色列最大的电子通信生产商,Tadiran 也成为其最大的雇主之一。

Tadiran 从两方面拓展在通信领域的利益:电话和军用通信设备。在 1968 年,公司与 GTE 签订知识协议,由此涉足电话产业,并与邮政部签署合同，成为其独家电话交换设备供应商。1969 年，Koor 并购 Telco，并把它与 Tadiran 兼并以增强公司在电话领域的能力和市场影响力。

20 世纪 70 年代初，通信部决定把重心转移至新一代公共交换设备。为顺应这一潮流，Tadiran 和瑞士公司 ITT 签署了知识合同，开始在以色列生产纵横式交换器转换机（Crossbar Switchboard）。下一步是为 GTE 开发并生产相对小型的多线路转换机（60 条线路）——Tadex。这使 Tadiran 得以进入"大象的领地"（the big elephant's tracks），换句话说，即国际市场上商业巨鳄间的竞争游戏。到 70 年代，Tadiran 的通信部完成了几个重要项目，比如电话簿的电脑化。到 80 年代后期，通信部与美国巨头 Bell South 签署了一份长期合同，为其生产 Coral 交换机。由此，该部门已拥有员工多达 1 700 人，从以色列人的角度而言规模已十分庞大。

正如之前所提到的，通信部并不是 Tadiran 唯一开发并生产通信产品的部门。在 1976 年，公司设立了一个部门，主要生产军用无线电通信设备。虽然它的产品是基于美国的知识，但是 Tadiran 为回应从培训基地和战场上回来的战士的需求，投资改进了美国的货架产品。自 1981 年以来担任通信部 CEO 的 Alex Milner 举了一个有趣的例子：

　　1969 年夏季的一天，一位头戴红色贝雷帽的年轻伞兵军官敲响了我的家门。

　　"我自约旦河谷而来。昨天，在追逐一队恐怖分子时，我的副官受了重伤。我认出了一个恐怖分子，他立刻开始向我们扫射。我试图警告副官，让他去找隐蔽处躲一下。不幸的是，他的耳机没戴紧，所以没听清我的提醒。如果当时通信设备有外放扩音器，即使周围炮声再响，他也能听见我说话，这场惨剧就不会发生了。你能做点什么吗?"

三天后,军官回到了部队,背包里装着外部扩音器。在很短的时间内,所有相关的通信设备都做了类似的调整。从这件小事可以看出,战场上给予我们的直接反馈加速了公司许多技术创新的出台(Michalson 1985,34)。

无线电通信部发展速度很快。到 20 世纪 80 年代初期,部门一分为二:无线电通信和电子系统。有四家工厂属于无线电通信部:战略无线电通信、无线电通信设备、数字设备和电子合成。Tadiran 并购了美国公司 Nomex。后者辅助其改善了在美国的市场部署,并开始收到美国军方的订单。

55

经过数年的发展,无线电通信部大幅增加了在研发领域的投资力度,希望以此开发更多新产品并进行出口,同时减少 Tadiran 对本国市场的依赖性。在 1985 年,公司取得了辉煌的成绩:本国和外部市场销量达到 30 比 70 的黄金比例。20 世纪 80 年代初,管理层决定把所有 Tadiran 产品元件纳入一个部门负责。这一决定有助于向工业客户推销这些元件,同时也加速其他部门不同产品的生产速度。归入新部门的元件包括:电话缆线、晶体、印制电路、电池、蓄电池、锂电池等。

20 世纪 70 至 80 年代,Tadiran 对结构进行重组,分出五大主要部门,其中三个部门和通信相关:无线电通信、电信和元件。另外两个是机械和电子设备、电子产品。Tadiran 对开发新产品加大投入力度,因为这样不仅能吸引本土的体制市场,而且对打入国际市场也有帮助。公司已经能够独立开发先进的军事电子系统,包括迷你远程遥控车(Mini Remote Piloted Vehicle,MRPV),这充分证明公司已具备足够的技术能力和创新意识。至 1987 年底,公司年收入高达 7.5 亿美元,拥有1.2万名员工,其中一半是工程师和机械师。公司市值达到其母体公司 Koor 市值的 30%。作为以色列规模最大的机构之一,公司不仅被视为一家创新型企业,而且对工程师、机械师及许多国防专业毕业的人才来说是个有吸引力的工作场所。

自 20 世纪 80 年代开始,Tadiran 陷入了严重的经济危机。主要原因如下:以色列国防军大幅削减对本土产业的预算开支;政府研发项目数量急剧下滑;国际市场美元大幅贬值。在 90 年代的前五年,Koor 把 Tadiran 分成几家小公司,由此最初的创建公司 Tadiran Ltd. 不复存在。1999 年,Tadiran 通信部连同一批管理人员被一起打包卖给了 Shamrock 集团,First Israel Mezzanine Investors。五年后,即 2004 年,Koor(在 1999 年出售 Tadiran 通信部后)用 1.5 亿美元购回了公司 33%的股票,意图把自己的生意与 Elisra 进行兼并。讽刺的是,Koor 为重新并购而付出的钱正相当于五年前出售整个公司的价格。

Elisra   创始人 Leon Riebman 博士是美国人,在本国是一位电子工程师和企业家。1950 年,他是美国电子实验室(American Electronics Laboratories,简称 AEL)的创建人之一。AEL 在他的领导下,发展为出色的电子国防系统生产商。AEL 设计并制造电子对抗系统、仿真系统、无线电接收器、微波合成电路及其他电子设备,并涉足航空电子设备安装和集成服务。公司还为商业和公共领域提供其他服务,包括飞行器改装和维护、校准、产品测试、技术出版。至 20 世纪 80 年代中期,AEL Industires 逐渐壮大,分支机构遍布全球各地。仅在以色列一国,员工数量就接近 3 000 人。它是第一家开启以色列分支的美国企业。

Riebman 参与了以色列经济发展的许多层面,而且曾出任以色列经济发展首相议政厅工业(以科学为基础)委员会主席一职。1967 年创建 Elisra 时,他对以色列的兴趣并不是纯粹出于商业或科学考虑。他也受犹太复国主义意识影响,希望为以色列国土安全做出贡献。虽然是公司领导,但是 Riebman 并不涉足 Elisra 的日常运营。而是公司首任 CEO,Zalman Shalev,一位退休的炮兵上校,塑造了 Elisra 的组织

结构和战略,包括从电话设备生产到与国防相关的技术转移,主要指电子战争武器。Alex,一位高级经理,曾说道:

> 改变产品领域、开发并制造电子战争产品的决定是出于国家层面的需求,是为顺应以色列国防军的需求,包括高级专家(比如CEO)的专业知识。(2009年6月,访谈摘录)

Shalev,传奇般的CEO,也预见到所有制即将发生变化。在1980年,Riebman把所持有的Elisra股份卖给了Tadiran,并换取了6%的Tadiran股份。Shalev在塑造Elisra的企业文化,包括信仰、价值观、行为,尤其是在民用至国防的转型上,表现出较大的影响力。而且,通过和Tadiran(属于Koor)兼并,Elisra得以接触到Tadiran的文化,工会在后者的角色较为重要。Yaron,Elisra的高级经理,解释说:

> 在兼并期(1980),Tadiran已经是以色列处于领先地位的电子公司,主要为国防业服务。它已形成一套最佳的做法和知识技能体系,以之与以色列国防军共事,并能满足国防军的特殊需求。最重要的是,它很了解军人的思维方式,所以知道如何和他们打交道。这就是为什么Elisra的许多经理人都是陆军和空军退役军人。这在以色列军工业相当普遍:上校和将军等人物在社会上获得第二职业,但还是保持着过去部队式的思维定势。正是通过他们,你才得以了解军队的文化。(2009年6月,访谈摘录)

57

Elisra创建初期是以体制市场为运营目标的(为以色列政府生产交换终端),逐渐转移到一个新的领域——国防业。至少在公司员工的眼中,Shalev在维护Elisra公司稳定、保障员工权利方面发挥了重要的作用。正因为有以下因素的存在:一位如此关心员工的CEO、创始人对犹太复国主义的责任感、并购者的社会经济和国家价值观、与以色列国家工会 Histadrut 的关系,我们就很容易理解为什么公司的员工没有任何离开去自己创业的动力,即使当时高技术市场正蓬勃发展。

20 世纪 80 年代中期,Elisra 在研发领域对政府资助的依赖性减弱。一旦政府允许其出口产品,公司立即在国际市场活跃起来。然而,本土市场,尤其是以色列国防军,仍然是确保其稳定收入的重要来源。也许有人会说,Elisra 总是一只脚留在体制市场,而另一只脚已踏入竞争市场。

Elisra 已成为电子战争、情报和通信领域的世界领袖。2010 年它拥有 1 300 名员工,他们从事设计、开发、制造、合成,并为电子战争提供先进的解决方案体系,主要分布在四大专业部门。Elisra 先进的解决方案为四十多个国家,包括以色列的航空、航海和陆地应用的诸多领域所使用。尤其重要的是电磁兼容和环境测试实验室。由于出色的能力,Elisra 荣获了由以色列国防部颁布的至高荣誉——以色列国防卓越奖,该奖项仅授予过屈指可数的几家公司。

2002 年 11 月,Elisra 把 30% 的股份以 1 亿美元卖给了 Elta——一家以色列电子防御公司,同时也是 Elisra 强有力的竞争对手。两大公司推出了联合机制来增强在国际市场上的竞争力。2005 年 11 月 30 日,Elisra 把 70% 的股份卖给了 Elbit。自此以后,Elisra 就作为 Elbit Systems, Ltd. 的分支机构开始运作。讽刺的是,几年后,Elisra 并购了两个"Tadiran 公司"——Tadiran Systems 和 Spectralink,并改名为 Elisra Group。

Orbit Alchut Technologies（Orbit）　和 Tadiran、Telrad 和 Elisra 不同,Orbit 是一家初创的新企业。它创建于 20 世纪 50 年代,为以色列工业提供现代化的技术,当时的名字是 Alchut。作为一个合作组织,它由五位雄心勃勃的企业家联合创建：Teddy Beeri、Walter Cohen、Moshe Myk、Karol Kirshner 和 Yiftah Stein。公司最初的目标是为农业居留地提供无线电服务。它能为交通工具安装一种设备，当场就可以进行简单的修理工作，在 Netanya 的沿海小镇也设立了一家实验室。Karol Krishner，Alchut 的首任 CEO，写道：

> 一开始，我们只提供服务，我们真实的想法仅仅是建一座工厂，竖一根至少 20 米长的大烟囱。后来，工厂的确按时建造起来了，不过至于烟囱，却始终没有出现……（http：//www.orbit-cs.com）

很快，Alchut 发现了商机——无线电接收器和接收装置成为主业，它在市场上占很大的份额。20 世纪 60 年代，公司为一些大型以色列公司提供服务，包括 National Bus Company、Egged 和 Rafael，它是一家领先的设计并开发精密军用技术的公司。事实证明，与 Rafael 的合作是相当关键的，因为这种做法帮助 Alchut 发展自身的专业知识技能，以满足 Rafael 较高的商业标准。

Alchut 由于可靠性和灵活应对性而赢得了很高的声誉，其他以色列军工业，例如 Israel Aircraft Industries（IAI），也成为它的客户。不过真正的腾飞出现在 1967 年。当时 Alchut 要为特殊的国防项目制造一种天线基座。此后，公司开始专攻基座型天线，并成为以色列国防事业，包括国防军的天线及相关设备的主要供应商。到 1980 年，Alchut 已发展为基座解决方案的专家。1981 年，公司更名为 Orbit Alchut。以色列政府授予其专家执照。同年，公司第一次获得了欧洲一家顶级公司的国际订单。

在 20 世纪 80 年代，Orbit Alchut 开始和 Flam&Russell（FR）建立起业务关系，后者专攻天线测量，并且已经在英国、意大利、德国、韩国和日本建立了分销网络。1988 年，Orbit Alchut 并购了 FR，并在美国设立了第一家办事处。三年后，公司在 Tel Aviv Stock Exchange 上市。后来，Orbit Alchut 于 1994 年对核心业务系列进行重组，分为两个公司：Orbit ACS 和 Orbit Communications。前者作为新公司，被 Rockwell Collins 选中，成为美国空军听觉管理系统的供应商。1997 年，Orbit FR 在纳斯达克（NASDAQ）上市，开始涉足太空产业，并首次开发了列车卫星通信追踪系统。

在过去的十年间，Orbit Alchut 发展势头迅猛。公司设立了两家美国子公司：Orbit CT&T，Inc. 和 ACS，Inc. 。它们都被选作 ISIS 财团 Sky Bridge 项目 SATRACK 产品的首选供应商，并且和日本的夏普公司（Sharp）建立起联系。Orbit 在美国还赢得了为商用飞机提供机用卫星通信追踪体系的订单。它还首次开发出最现代的新一代双向海洋 VSAT、Orsat 天线系统 Ku-Band Marine Stabilized Tx/Rx。

总之，Alchut 创建时只是一家小规模的提供技术服务的商店，却发展为全球领先的上市公司，拥有现代化的办公大楼及遍布全球的数百名员工。在 Orbit，所有的技术技能和经验都是在公司内部发展起来的；它的客户包括世界巨头波音公司（Boeing）、湾流宇航公司（Gulfsteam）、美国洛克希德马丁公司（Lockheed Martin）、美国罗克韦尔柯林斯国际公司（Rockwell Collins）、以色列飞机工业（Israel Aircraft Industries）、巴西航空工业公司（Embraer）等。此外，许多领先的海军和空军都在使用 Orbit 生产的设备和方案。

Orbit 及其分支机构在今天被称为"Orbit 国防集团（Orbit Defense Group）"。它的产品线聚焦以色列及国外的军用物资，并预示着 Orbit 这一族谱发展的潜力。

Motorola Israel(MIL)　摩托罗拉（Motorola）是世界领先的集成通信和信息解决方案供应商，在 1948 年通过 Moshe Bassin 电子和工程有限公司（Moshe Bassin Electronics & Engineering，Ltd.）把业务带入了以色列。一开始，它只是提供车载无线电安装的一家小工厂。经过数年的发展，它逐渐扩大了业务范围，开始涉足以色列国内及国外复杂的技术项目（例如伊朗）。1964 年,通过与以色列政府的积极磋商,Motorola 在以色列设立了第一家非美国性质的工厂——摩托罗拉以色列有限公司（Motorola Israel，Ltd. ,简称 MIL）。

　　MIL 是总部设在美国的 Motorola，Inc. 的全资子公司,是跨国电子公司。它的主要业务包括集成通信和嵌入式电子解决方案。超过 80％的产品在本土开发。它设在以色列的研发中心主要研究手机芯片的开发,还有为母体公司开发其他创新产品。实际上,在 21 世纪初的数年间,以色列中心已着手开发新一代 Motorola 掌上设备的处理器。1998 年,MIL 和 Page Call 创建了 Pelephone,它是以色列第一家手机通信公司。很快,Pelephone 就在以色列手机通信市场占有了绝大多数的份额。总的来说,MIL 呈现稳定的财政增长,目前员工数达到 4 000 多人。因此,它已成为以色列领先的电信公司。2004 年,它的成交量达到 7. 98 亿美元,出口总量高达 3. 49 亿美元。

　　MIL 和其他提到的创建母体公司（如 Tadiran、Telrad、Elisra 等）不同。作为第一家在以色列设立分支机构的美国技术联合体,Motorola USA 为创建该企业提供资源,同时也把企业文化带入以色列分支。Yehuda Porat,人力资源经理,解释道:

　　　　尽管从所有的管理和策略来看,我们是一家以色列公司,Motorola USA 放手让我们大胆尝试,不过 Motorola 文化的许多方面还是凌驾于我们之上。比如,我们必须按照总部的一些指令:员工多元化或线上评估。我们是全球 Motorola 大企业的一个缩影,这可以从业务范畴和文化两方面来考虑。Motorola 文化是从美国上层梯队一路下达,逐渐渗入 MIL 的各个部门。这并不意味着 MIL 和其他子公司之间没有文化差异,也不意味着不同部门之间就始终文化认同。但是 Motorola 的通用管理文化在全球都占主导地位。我们面临的一大挑战就是如何把以色列文化"粘贴"于

60

Motorola 全球文化上。我们尝试把以色列和美国企业文化相关联，即在 Motorola——总部和子公司，尽可能多增加以色列员工的比例。每一位在 Motorola 的以色列人都首先是为祖国自豪的以色列子民。（2009 年 9 月，访谈摘录）

MIL 有三大运营部门——通信系统运营、服务及次核心解决方案（Next to Core Solutions）；四大业务板块——网络服务应用、卓越防御中心、无线电网络和 Motorola 合资企业；三个子公司——MIRS Communication、Beeper Communication Israel 和 Taldor Communication。

61　　　Elisha Yanai，MIL 的 CEO，把公司获得的成功归功于以色列高技术产业独有的特征。以色列普通工程师的企业家冒险精神比其他世界上任何一个国家的同类专家都高。因此，Motorola 以开放的姿态接受了许多来自 MIL 的意见，也是其本身发展壮大的关键因素。Yanai 把企业家文化称为"蜘蛛战略"，含义如下：

因为 MIL 参照的是 Motorola USA，所以很容易站在他们的立场上来分析 Motorola 理应做出的商业决策。在下一个阶段，我们利用自己的关系网络来了解大家是否支持之前我们的分析。我们在 Motorola 有一位"大使"，他（或她）组织并监管这些活动。为此，他（或她）就利用"蜘蛛"——Motorola 的以色列网络遍布全球。这一战术使我们成为第一个向 Motorola USA 递交相关提案的子公司，并且我们给出的很多点子最终是被他们所接受的。（2009 年 9 月，访谈摘录）

MIL 取得了举世瞩目的成就，它被视为 Motorola USA 最成功的子公司之一。它为政府、企业网络和移动解决领域开发、制造、营销通信解决方案。MIL 的设计中心承担为全球 Motorola 市场设计和开发

一系列产品和解决方案的任务,它是许多全球知名的 Motorola 项目的
主要贡献者。

ECI Telecom（ECI）　ECI（以色列电子通信）Telecom 是全球电信网
络基础设施的主要生产商,专攻通信平台和解决方案领域。来自全球
的手机服务供应商、缆线/多系统运营商、政府和防御实体组成了它的
核心客户群。ECI 在下列平台极具专业性:多方服务、商业服务、声音
服务、无线、手机回程线路、光学网络、以太网、以太网时分复用演变、IP
移动、网络安全、电信运营商的运输载体和波段服务。

　　50 位以色列空军退役军人,在 Sol Gudelman 的率领下,于 1965
年创建了 ECI。这批创始团队与法国合伙人联手,启动开发并制造电
子产品。"Schneider Radio"是其中最出名的产品。ECI 很快奠定了在
先进电子设备领域的先锋地位。

　　同一时期,在另一个地方,一个不同的团队横空出世。Uri
Goren——以色列国防军情报部队的总指挥官和 David Rubner——一
位年轻的 Westinghouse 工程师,创建了 Electra Electronics,共有五位
员工。很快,Clal Industries 就购买了它。Electra Electronics 联合
Clal 一起并购了以色列的 Gudelman's Electronic Communication,并
保留其原名。然而,由于 Uri Goren 和 David Rubner 聚焦军用市场,
所以业务核心发生了变化。同时,他们组建了一支由 55 位员工组成的
团队,为以色列空军生产电视机和控制台。

　　在整个 20 世纪 70 年代和 80 年代的前五年,ECI 的主要客户,即
国防部和以色列国防军,对公司的发展起了重大的推动作用。1974,
ECI 拥有 90 名员工:其中 80% 是机械师,20% 是电子工程师。当时,
ECI 重点是为军队提供系统解决方案,随着时间的推移,它逐渐涉足设
计和空中交通控制塔的建造。公司的新产品帮助协调以色列军队各部
门的制空权。此类产品有机用超宽带天线比较器、海洋船只的内部通
信设备、警车及飞机的移动通信设备。在员工眼中,公司灵活度高,极

具创新精神。CEO Uri Goren 声称:"只要有订单,我们就能生产任何东西!"(ECI 档案,1974)

ECI 如何在 1976 年改变战略,这是个非常有意思故事。以色列国防军要求公司开发一种类似隐蔽型混合器(conceal mixer)的产品,可应用于电话交谈过程。ECI 和 Tadiran 为此项目展开竞争,最后 Tadiran"不幸"胜出。ECI 的研发团队为此已努力工作了很久,并成功开发出和军队项目无关的新技术。这是 ECI 演化的主要转折点。它的工程师重点放在远距离多元体,即单条电话线上多重电话信息同步传输。这个设备利用了电话线都是双股的特点——一股单向送出信号,另一股接收信号,所以在打电话时,实际上,每股电话线都只有一半时间在工作。ECI 意识到这一系统具有巨大潜力,决定对其商业应用进行营销,比如"Telephone Line Doubler",这条电话线可以同时进行两场对话。借此,ECI,一家默默无闻的以色列工厂,震惊了全世界!在预见该创新产品对通信市场的巨大潜力后,公司决定回归民用市场,为全球市场开发主要应用设备,即倍频器。

第二个转折点是 Mair Laiser 被任命为 ECI 的 CEO。1970 年,Laiser 是公司的生产部经理,到 1977 年他 36 岁时,被任命为公司 CEO。他有一套严谨的工作理念,并希望每个人都遵循。在组建组织文化(对公司及客户的熟悉度、忠诚度和高度责任感)中,他的影响力巨大。这可以从一位高级行政官 Deutsche Telecom(DT)和 Laiser 的前任 David Rubner 之间发生的一件事来体现。DT 这位行政官对 Rubner 说,DT 之所以与 ECI 合作,是因为"你是个傻瓜,我们负责施压,你只要照做就行了"。对此,Rubner 如此回应:"你是正确的。对我们来说,顾客是第一位的。"(ECI 档案)

我们认为 Mair Laiser 重新奠定了 ECI 的地位,使之真正转型为高技术公司。在他的领导下,管理层把公司重心从国防业转移到民用领域。Laiser 让公司逐渐淡出国防业领域,同时加强了 ECI 在民用通信市场的主导地位。

　　ECI 开发了 Time Assignment Speed Interpolation(TASI)技术，它能追踪每一段电话对话的起始和终止段，并在中间插入另一段不同的对话。这个设备于 1979 年投产，增加了远程同一电话线的潜在使用效率，即一线当两线用。ECI 的产品在进入市场后甚至打败了 Bell Laboratory(现今的 Lucent Technologies)。TASI 在国际海底缆线领域应用广泛，之前大家普遍担心海底缆线的效率问题。20 世纪 70 年代伊始，对 TASI 的需求日益萎缩，而电话交换数字化逐渐占上风。不过这却对电话设备制造商提出了挑战，即如何开发互补设备。数字电话交换把声音转化为二进制代码，这样通过计算机传输时就变得更高效。接着，接受终端再把代码翻译回声音。ECI 和其他公司开发了数字电路多路复用设备(Digital Circuit Multiplexing Equipment，简称DCME)，能捆绑这些数字信号，实现最高效的传输。由此，标准化的远程电话线比预期能承载更多信息。

　　1977 年，ECI 开始与德国联邦邮政公司(Deutsche Bundespost，即如今的 Deutsche Telecom 或简称为 DT)建立起长期的、战略性的、成功的关系。这家德国公司成为 ECI 的大客户，帮助 ECI 于 1982 年首次在纳斯达克上市。同时，ECI 凭借双股电话技术发展为全球的商业巨子。到 20 世纪 80 年代中期，ECI 为五大洲共计 18 个国家的主要电信运营商和个体电话线使用者提供服务。

　　1984 年，ECI 启动全球扩张计划，包括美国本部的扩张，并在法国和澳大利亚分别设立了代表处。公司还创建了两个新的子公司——West Germany 和 Panama。公司还进行了更名。新的口号也诞生了，以强调公司作为跨国公司的新身份：ECI 已发展为目前的 ECI Telecom, Ltd. ，这个名字中 Telecom 凸显了公司的核心业务。

　　1985 至 1986 年，一系列不稳定的发展使公司陷入了危机。不仅通货膨胀很高，而且上市的利润回报并不明显。产品总销量下滑了

12%（约 1 900 万美元）；结果，ECI 解雇了近三分之一的员工。而且，公司开发的电话电路倍增系统（Telephone Circuit Multiplication，简称 TCM）销量下滑，未达到预期目标，公司再度受到打击。雪上加霜的是，因为以色列一系列经济政策的变化，公司不得不增加运营成本，ECI 收入大幅削减。

在经历更严重的危机前，ECI 有幸获得了一次机遇：为国际水下缆线（TAT‐7，TAT‐8）的两端链接供应通信设备（DCME）。这是欧洲和美国（包括其他国家）之间最主要的通信渠道。DCME 的这张大订单金额高达 450 万美元，而且 TAT‐8 的初期阶段部署又使公司从 20 个国家接到了额外的 1 300 万美元的订单。随着 DEME 开始应用于卫星上，几乎世界上所有国家都在使用 ECI 的产品。公司现在盈利丰厚，连续保持了 44 个季度的良好销量，并在全球范围内开设了 23 个办事处，服务 144 个国家。20 世纪 80 年代末，公司销量和收入一路飙升，其中大部分归功于 DCME 的生产线。

20 世纪 90 年代，David Rubner 出任 CEO，Mair Laiser 出任董事会主席。这个阶段公司继续迅猛发展，收入稳步增长。目前公司在全球几个重要发展中的地区都有身影——亚太地区、中东欧地区及北美。它开始涉足两个新的领域：数据通信和视频。1998 年，ECI 同意与 Tadiran 通信公司兼并，取名 ECI Telecom。这一举动的战略出发点是确保 ECI Telecom 作为首要供应商，为全球的电信服务运营商和商业客户提供先进的通信解决方案。兼并对象包括 Innowave、业务系统、运输部（宽带管理），包括 Kiryat Shmona 的一家工厂和 Omer 的 Innowave 的工厂。

在 21 世纪来临之际，DCME 的市场占有率急剧下滑，ECI 在短短几个月后就又一次陷入了危机。不久之后高技术产业遭遇滑铁卢，它们的新技术——同步数字体系（Synchronous Digital Hierarchy，简称 SDH）和 DCME 为公司带来的收入，还不能弥补其蒙受的损失。公司面临重组核心业务和裁员。在 DCME 的市场销量触底后,ECI 决定把部门分成五家独立的公司:Innowave、Inovia、Lightscape 和 NGTS。数年后,NGTS 与一家美国公司——NexVerse 兼并,组成 Veraz Networks,并发展为全球领先的基于软交换机、收费质量数据包电话解决方案的公司。2002 年,ECI 在新公司占 43% 的股权收益。另外一个部门拆分后更名为 ECTel,它成长为领先的开发商,成为监控解决方案和收入保障应用的全球供应商。目前它已在纳斯达克上市。

随着电信产业泡沫的增长和危机的浮现,ECI 的管理层决定把所有独立的公司合并为一个强大的 ECI。Innovia 转为宽带接入部(Broadband Access Division),Lightscape 和 Enavis 兼并为光学部(Optical Division)。ECI 保留了在 Veraz Networks 的股份,把 Innowave 出售给了 Alvarion。

2005 年,ECI 获取了 Laurel Networks, Inc. 发行的所有普通股控制权,后者是新一代 IP/MPLS Multi-Service Routers 的供应商,它由此成为 ECI 的数据网络部(Data Networking Division)。尽管公司一路起起伏伏,但自 1961 年创建以来,始终在本领域称霸全球。如今,它在全球拥有 3 000 多名员工,从区域分部逐级往上的销售运营网络十分完备。

ECI 高级技术经理说过:

仔细分析 ECI,你会发现许多 ECI 的退休人员都自创了新公司。这家公司对员工的教诲是十分特殊的——"担起责任、勇于创新、敢于尝试"。虽然公司体量巨大,我们还是十分团结,我们的技术总是处于领先地位。ECI 是许多以色列企业家的核心体,就像 Stanford 对于硅谷的意义。对我来说,ECI 对以色列高技术及网络发展的关键阶段起了重要的创建作用。用人单位在那里物色人才,ECI 是一个很棒的地方,你可以在这里发现最有创意和干劲的

人群。(2009 年 9 月,访谈摘录)

竞争型经济环境(1977—2005)

在"竞争型"阶段(1977 年后),三大公司相继建立。如上文所述,这一阶段的特色是环境相对不稳定,即竞争型经济。在这一阶段,以色列由自由党执政,国家经历了转型。这从其目标、价值观和经济体系可以反映出。本部分罗列一下 Fibronics、RAD Data Communications 和 Comverse 创建期间的整个过程及其环境条件。

Fibronics　　创建 Fibronics 的念头缘起于 1977 年。当时 Morris Weinberg 博士和 Uziah Galil 在波士顿会面,后者是以色列高技术产业的偶像级人物,已创建了一批技术企业,包括 Elron 和 Elscint 等。人们认为 Galil 对以色列从体制到农业再到高技术产业的转化起了很大的作用。Galil 是以色列理工大学和普渡大学(Israel Institute of Technology and Purdue University)的毕业生,创办了 Elron 电子产业有限公司(Elron Electronic Industries, Ltd.)。这是第一家总部设在以色列的高技术跨国股份公司,业务遍布全球。Galil 利用 Elron 创办了各类技术企业。事实上,Elron 共衍生了约 25 家高技术公司,领域广泛:医学成像、国防电子设备、通信、机器视觉和半导体。Galil 担任 Elron 的 CEO 长达 38 年(1962—1999),同时兼任由它派生出的诸多公司的主席或主管。在创建 Elron 前,他在芝加哥的 Motorola 公司就职于研发部(1953—1954),随后担任以色列海军电子研究项目主管(1954—1957),之后又担任以色列理工大学物理学院电子系主任(1957—1962)。创建 Fibronics 时,Galil 的合伙人是美国人 Morris Weinberg,后者当时在 Waltech 工作。Morris 对以色列电子产品的未来很有信心,梦想把制造纤维和把它们与系统连接的设备的技术引入以色列(Levav 1998)。Galil 承认"在我们俩之中,Morris Weinberg 才是真正的企业家"(2008 年,访谈摘录)。

在 Weinberg 和 Galil 第一次会谈时，双方都同意建立合伙人关系，共同为本土基于光纤的通信网络开发连接部件。后来，他们决定在美国创建 Fibronics International，发挥其公司本部的职能，然后在以色列创建第二家公司，作为 Fibronics 的子公司。他们还决定以色列公司负责产品开发，美国公司负责市场和销售。这一模式对以色列高技术公司而言，是比较理想的业务部署，因为它们认为美国是他们重要的市场和知识及金融来源(Saxenian 2006)。

Fred Adler 是当时以色列十分活跃的一位风投本家。他从 Fibronics 创建伊始就加入了公司。Elron 公司，Uziah Galil 当时任老总，对新公司投下第一笔钱。当时，光纤还是一个崭新的领域，公司希望它能替代传输快速文件数据的缆线。然而，在以色列制造缆线的计划被证实从经济上达不到收支平衡；在世界其他地方，买家面临更好的选择。因此，公司重心转移到开发能够把信息转换为光纤的设备。公司的业务知识基础是 Weinberg 引入以色列的，公司的工作基础是 Elbit 的员工发展。Elbit 过去是 Galil 集团的一部分(Elron)。

在创建后的两年里，Fibronics 一直没有找到核心业务，事实上，公司一度陷入关门的窘境。多数的产品开发和制造都是为军队服务，主要客户是拉斐尔武器发展局 (Rafael Armaments Development Authority)。后来 Elbit 把一个研发团队引入 Fibronics，团队负责人是 Moti Gura。这个团队在光纤的基础上为数据通信开发了多路复用器(Timor 1997a)。Moti Gura 开发的产品在全球受到了广泛关注，Fibronics 由此开启了成功的篇章。

Gura 于 1980 年加入公司，不久后即出任 Fibronics Israel 的 CEO。他在此岗位上一直工作到 1984 年；在此期间，他对于 Fibronics 的成功做出了很大的贡献。Gura 在以色列国防军最优秀的情报技术部门服役过，这个部门以极富创业精神而名声在外。Gura 在该部门工作时，就非常有创造力，极具创新精神。他具有为达目的不惜一切的品

67

质。Fibronics 的创始人,Morris Weinberg 和 Uziah Galil,并没有过多涉入公司的日常运营,所以 Gura 有很大的发挥空间。他大胆无畏的风格,加上创始人的金融背景,启动了几个部门的创建,对销量的大幅提升起了很大的作用。Gura 说:

> 这个领域充斥着创新和革命的精神。Fibronics 被认为是一个认真的、创新的高技术领军者。每个人都想做点事情,留下点痕迹,或改变点什么。(2008 年,访谈摘录)

公司在最初几年为 IBM 开发了通信兼容系统。这些系统中的主要设备是多路复用器(multiplexer),一种赋予缆线两个终端间传递力的产品。从这个产品开始,IBM 一整套的兼容产品被开发出来(基于 32/70 通信协议)。这个产品线销量相当好。

68　　　正是 Gura 带领着 Fibronics(当它还是一个新公司时)于 1983 年在纳斯达克成功上市,当时整个世界都开始意识到光纤的巨大潜力。通过发布 26% 的股权,市值达 2 600 万美元的 Fibronics 在华尔街成功筹集到 670 万美元。上半年公司收入为 184 万美元,相当于 1982 年同期的四倍。许多投资者都赚得盆满钵满。Fibronics 在以色列改头换面,以风投企业的姿态叱咤商界。

不过,由于 Gura 没能被任命为继 Morris Weinberg 之后 Fibronics International(Levav 1998)的 CEO,他于 1984 年突然决定离开。自此,Fibronics 开始发生翻天覆地的变化。Gura 不甘心只做一名按月领工资的职员,他自信有能力独立创业成功。

1985 年,Fibronics 关闭了 5 条生产线,集中力量做 FDDI(Fiber Distributed-Data Interface)。Moti Gura 当时已离开公司,职位由 Joseph Maayan 接任。Gura 创立了 Adacom 与之抗衡,许多 Fibronics 的高级管理人员和高级专家都追随他去了新公司。这无论从盈利性、形象，还是员工士气而言，对 Fibronics 来说都是巨大的打击。
Avinoam Rubinstein，后来 Nicecom 和 Atrica 的创始人之一，当时还是
以色列理工大学的三年级学生，他正赶上 Gura 离职之前加入了
Fibronics。他对当时公司的气氛是这样描述的：

> 大家都神经紧绷，生怕周围人进行知识剽窃，或从事商业间谍
> 活动。公司整体士气低下，部门与部门之间隔阂加深，彼此几乎不
> 进行交流。（2008，访谈摘录）

Moshe Levin 于 1986 年加入 Fibronics，出任副总裁（Vice CEO），
负责市场和销售。他对公司的不确定性如此表述："整个公司，在 Gura
创建 Adacom 后，好像失去了存在的价值。"（2008 年，访谈摘录）

Gura 离职后，Fibronics 改变了它的战略方向。新任 CEO 是 Dono
van-Mierop，他是 1984 年作为负责开发的副总裁加入 Fibronics 的。
他把公司重心转移到 FDDI，这项技术使光纤上的高速数据通信网络
建设得以最高速运行。公司开发了产品线，同时努力尝试建立与
IEEE 标准委员会共同开发指令。"创新和冒险的精神又回到了
Fibronics。许多新员工加入公司，这里人人都有征服全世界的信心"
（Avinoam Rubeinstein，2008）。

1987 至 1990 年，公司取得了一系列重要的突破，全体士气高
涨。Fibronics 完成了许多重大项目：意大利许多主要高速公路的网
络，香港跑道光纤网络，巴黎 Euro Disney 的网络。这些项目在招标
时，许多大公司，如 Digital 和 IBM 都纷纷竞标。最终，Fibronics 脱颖
而出。

凭借这些成功，至 1989 年底，Fibronics 的销量已高达 4 800 万美
元，拥有员工 469 名。在 1990 年，销量继续飙升至 625 万美元。CEO
John Hail 当时这样说："我们的产品在市场处于领先地位，我们预见了

Fibronics 的光明未来"(Timor 1997a)。

然而,从 1990 年开始,公司发展速度明显放缓。Fibronics 把所有的希望都寄予 FDDI,坚信在不久的将来,光纤会占领整个市场。可惜,它没能正确评估自己产品的竞争对手——缆线基础设施——的力量(Levav 1998)。Fibronics 继续孤注一掷发展 FDDI,并因此丧失了宝贵的时间(Timor 1997b)。不恰当的时机,加上 1991 年爆发的海湾战争(Gulf War),使公司销量急剧下滑。

Fibronics 的失败不仅在于选错了行业标准,而且存在很多其他因素。比如,Harry Yuklea,Optosortage 的创始人,于 1988 年加入 Fibronics,并最终成为业务发展主管。他指出了公司的主要弱点:公司管理以运营为导向,而非以研发为导向。Amir Eldad,1986 至 1994 年间任 Fibronics 欧洲营销部主管,同时也是 Atternity 的创始人,描述了基层管理人员之间的疏离现象:

> 主导公司基层的组织文化和初创企业类似:没日没夜连续工作、日程表排得很满、挑战一切不可能。与之相反,高层管理人员的态度则是小心谨慎、传统保守的,甚至是退缩的。高层管理人员毫无创新意识,并没能把公司四处弥漫的积极的能量进行正确的引导。(2008,访谈摘录)

Orna Berry 博士,Ornet 的创始人,1989 年作为高级项目经理被带入 Fibronics,对此补充描绘了一个蛮横的政体模式,到处充斥着咆哮、威胁和傲慢:

> 公司的成功吸引了一批有才华、有斗志的年轻工程师,他们渴望成为尖端技术领域的成功人士。公司雇用了一批有独立意识,工作出色的人。可是最终他们却变得一无是处。他们的羽翼被剪

70

去了。公司就这样赶走了许多人才和智囊人物。（2008，访谈
摘录）

Fibronics 所处的市场存在巨大的发展潜力。20 世纪 80 年代的以
色列高技术市场仍处于婴儿期，所以公司的股票能够在国际市场上交
易实属罕见。它使最优秀的工程师得以接触创新、尖端技术，同时结识
产业领域的主要客户和商家。

总的来说，Gura 在位期间，Fibronics 的员工有机会接触到彻底的
企业家精神和甘愿冒险的闯劲，这在以前是不可能的。他们也共同见
证了公司上市的过程，目睹了这也是有可能实现的。比较之下，公司在
后期却采取了毫无重心的管理方式，在 CEO 的选任上也欠考虑，因此
Fibronics 很难吸引住有才华的员工继续留任，导致公司的智囊先后离
职。凭借自身的知识、工具和奋斗的精神，一些从公司离职的员工选择
了创业。

到 1994 年底，在一次环形交易中（因为 Elbit 和 Fibronics 同属
Elron Group），Fibronics 被卖给了 Elron Group 的 Elbit Systems。后
来到 1996 年，它又被卖给了 MRV Communications。

Uziah Galil，Fibronics 的创始人之一及主席，归纳说：

我认为 Fibronics 的发展是一个痛苦的过程，在我经历的从
Elron 创设的一系列成功公司中，它是个失败的案例。也许，我们
犯的错误可能是没能启用合适的 CEO，没能正确理解营销的重要
性。我们选择的 CEO 要么来自大公司（比如 Gil Weiser 来自
Digital），要么拥有丰富的运营经验（如来自 Elbit 的 Zvi Axelrold，
国防部前任总干事 Joseph Mayan）。如果我能早点意识到
Fibronics 公司表面下涌动的企业家精神的巨大力量，我早就选聘
一位能够把这些力量和渠道向正确方向引导的 CEO 了——这位

　　强有力的 CEO 应该受到工人们的爱戴,他应能理解工人的需求。
(2009,访谈摘录)

　　同时,Galil 并没把 Fibronics 的失败全部归咎于 CEO 的选择。他
也从公司的陨落中归纳出其他几个因素,比如在技术愿景方面领先了
时代一步、Elron(Fibronics 的母体公司)没有能力提供公司所需的管
理支撑。值得一提的是,在以色列高技术产业领域,Fibronics 被认为
错失了十年的宝贵机会。

Comverse Technology (Comverse)　Comverse 技术公司(Comverse Technology,
Inc.)的主要业务包括为专业多媒体通信和信息处理应用提供设计、开
发、制造和营销。到 1995 年,良好的销量推动 Comverse 的产品畅销
全球 30 多个国家。事实上,公司在 20 世纪 90 年代中期发展迅猛,不
仅扩大了国际市场,而且把新技术带入了全球市场。

　　1982 年,三个人联合创办了 Comverse:Boaz Misholi、Kobi Alexander
和 Yechiam Yemini。Alexander 在 20 世纪 80 年代初搬至纽约前在 Tel
Aviv 主修经济学。他在纽约的全职工作是希尔森·雷曼金融服务公司
(Shearson Lehman)的投资银行家。同时,他在晚上自修纽约大学的工
商管理硕士(MBA)学位。虽然 Alexander 一直饱含创业精神,他并没
有在早期就实现这一梦想。在 1982 年,他遇到了 Boaz Misholi,一位
以色列工程师,后者正在酝酿创业。"我与他见面后,就从 Shearson 辞
职了。我一直清楚,自己要创业"(Bernstein 1990)。

　　Misholi 当时在纽约已经拥有一个软件开发公司,他这样说:

　　在那些年,以色列的年轻人要想致富,要想赚大钱,可能性很
小。对年轻人而言,高技术是最佳试验田,是他们实现梦想的途
径。(2010,访谈摘录)

71

　　Misholi 的想法是开发一个声音和传真信息系统，能够使客户从任
何一台电话机或传真机存储、处理、接触和传输信息。系统会提供一个
更复杂的系统来取代当时通用的自动答录机和其他基本装置。
Misholi 和 Alexander 雇用了一批工程师来协助开发系统。他们也决
定回归以色列，充分利用政府对技术企业的鼓励机制。

　　在以色列，Alexander 和 Misholi 在 Efrat Future Technology，
Ltd. 开始运营新兴业务。Misholi 在技术领域占领先机，两人开始共同
研究数字听力系统供以色列军队用于情报工作。这次的开发对年轻的
企业而言意义重大，因为公司获得了稳定的资金来源。据 Misholi 所
说，只有军队这一实体才能承担如此高密集的、耗费巨大的研发项目。
和 Alexander 一起，他与以色列军队的开发团队一起共事了两年时间。
当时，Yechiam Yemini 是公司的首席科学家，还没考虑加入这家新公
司。然而，1984 年，他和 Alexander、Misholi 一起搬回了纽约，创建了
一家机构，一旦开发出新数字听力系统，就立即启动营销。

　　在三位创始人的努力下，Comverse（"communication"和
"versatility"的融合）于 1984 年在纽约成立。正式意义上，它是总部在
以色列的 Efrat Future Technology，Ltd. 的母体公司。在运营前三
年，Comverse 每年创收数百万美元。在 1986 年，它于纽约证交所
（New York Stock Exchange）上市，开始吸纳更多资本。

　　在接下来的两年时间里，Misholi 任新上市公司总裁及 CEO。不
过由于他和 Alexander 在 Comverse 的战略问题上产生了分歧，他于
1988 年离任。之后，依靠 Yemini 的帮助，Alexander 接手了 Misholi
的工作，他十分清楚，如果自己的小公司要在与通信技术巨头（比如
AT&T）的较量中脱颖而出，必须采取独一无二、有信服力的营销策
略。随后，他开始把目光投向了国际市场，尤其是欧洲市场。当时欧洲
计划在 1992 年启动经济联合体。Alexander 相信 Comverse 能够凭借
其特殊的产品在欧洲新联合体中占领先机，从而获得丰厚的利益。

72

在 20 世纪 80 年代末,Alexander 的计划实施得相当成功。他确保 Comverse 与欧洲几家顶尖的设备经销商建立了特殊的紧密关系。尤其在 1987 至 1990 年间,公司与六大经销商签署了营销协议。后者帮助公司成功与各国政府及主要设备采购商建立起了良好的伙伴关系。愿意分销 Comverse 系统的公司包括:Ascom(瑞士)、GPT(英国和澳大利亚)、Voice Data Systems(荷兰)和 Oki(日本)。首批协议使 Comverse 成功打败了比它体量更大的竞争对手。因为这些经销商们对市场的一举一动了如指掌,在 Comverse 及其对手发现之前就能做出反应。Comverse 在这些决策过程中,成功拉拢了客户并推销出了产品。

Comverse 对欧洲市场的渗透包括先前的 Eastern Bolc,它做足准备以促进产业的长期发展。同时,通过与本土电话公司(比如 Regional Bell Operating Companies 的无线业务部)和独立的手机公司(比如 PacTel 和 McCaw)建立主要的业务关系,它也扩大了在美国的销量。

73   20 世纪 90 年代初,一些偶然因素的叠加推动 Comverse 进一步扩大了收入和利润。比如,在 1991 年,公司同意购买总部在加州的 Startel Corp 的 Irvine 的资产,它是交易程序系统的领先供应商。这一系统主要应用于电话应答服务产业、医院、企业留言中心。在 1992 年,Startel 成为 Comverse 的分支机构,它把重要的新技术带入了 Comverse 的研发实验室,同时接触到了一片新市场。

1992 年末,公司取得了又一个胜利:与全球通信业巨头 AT&T 签署了协议,后者为 Comverse 提供多语种声音处理系统,用户包括美国境外的企业客户通信服务商。本质上而言,AT&T 发挥的功能是向世界再一次证明了 Comverse 的技术是可靠的。作为业界领袖,AT&T 对 Comverse 投了宝贵的赞成票。

除了公司在全球市场取得的成就,Comverse 继续在尖端技术的开发和引入领域频频传出捷报。它为情报和政策市场提供的音频磁盘系统和监控系统,在 20 世纪 90 年代中期市场反应良好。事实上,经过那次销量的传奇后,1994 年 2 月,Comverse 把整个监控业务分离出来,成立了一个新的子公司——互动信息体系公司(Interactive Information Systems Corporation)。两年后更名为 Comverse 信息系统公司(Comverse Information Systems Corporation)。到 1999 年,Comverse Technology(现在的名字)把业务重组为两个部门:Comverse Infosys(Comverse Information Systems 和 Comverse Info Media Systems 兼并)和 Comverse Network Systems。

　　20 世纪 90 年代末,手机迅速席卷全球,带来了更多的变化。Comverse Information Systems 通过 Comverse Infosys 部门悄悄卖了 Audio Disk systems。Comverse Network Systems 的无线语音留言系统蓬勃发展。很快,公司收入的主要部分——接近 12 亿美元的四分之三,来自手机邮箱的销量。这时候,Comverse Technology 已陷入险境,即过于侧重某一领域:语音邮件。在手机市场达到高峰时,管理人员开始雄心勃勃地尝试多元化,并购有潜力的技术,并期待凭借它们来帮助公司开发新产品。同时,公司也对 Comverse Infosys 增加资产投入。2000 年 7 月,Comverse 兼并了 Loronix 信息系统公司(Loronix Information Systems,Inc.)。这家公司开发了基于软件的数字影像录制、网络、现场网络影响流技术。这笔交易诞生了政府机构使用的数字影像监控系统,比如美国财政部;还有商业客户,如美国康州金神大赌场(Mohegan Sun Casino)和联邦快递(Federal Express)。

74

　　在 2001 年,Comverse 的管理层经过考虑,对公司进行了重组,拆分为五大部门。Comverse Infosys 是五个部门中的一个。不过,它在公司内表现得越来越不合群。首先一个原因就是它的产品销售对象是和那些购买 Comverse 语音和数字留言服务通信公司完全不同的实体。自然而然地,公司管理层开始考虑如何拆分安全和情报业务。

　　不久之后,一个机会出现了。美国"9·11"恐怖袭击事件后,对任何形式的、与安全相关的产品需求量猛增。然而,当时经济不景气,股市也一派低迷景象,对首股上市发行的需求相当疲软。不过,Alexander 安排 Comverse Infosys 的股票在"carve-out"协议框架下进行出售。由此 Comverse Technology 对公司占了大部分股权,同时解锁持股人价值。2002 年 2 月,Comverse Infosys 更名为 Verint Systems,Inc.。目前,公司已经准备上市。Alexander 成为 Verint 的主席。Dan Bodner 出任总裁和 CEO,他自 1994 年 Comverse Technology 创建 Interactive Information Systems 以来就一直处于这个职位上。Comverse Media Holding,Inc. 所拥有的媒体资产被卖回给母体公司。同时,Verint 通过 Loronix 增强了它的影像监控业务,并购了 Lanex,LLC. 的数字录像业务。到 2005 年,Comverse Technology 由四个部门组成:Comverse、Verint Systems(以前的 Comverse Infosys)、Startel 和 Starhomes。

RAD Data Communications　　RAD Data Communications 是 RAD Group 的奠基石。后者是一系列独立的公司组成的大家庭,负责为网络和通信产业的不同领域开发、制造和营销提供解决方案。和 ECI 不同,Telrad 和 Tadiran 是 RAD Data Communications 的创建母体,也是活跃的拥有者,参与运营和战略决策。因此,Yehuda 和 Zohar Zisapel 两兄弟于 1982 年创立了 RAD。他们对于公司的演化及整个族谱产生了意义深远的影响。这两兄弟都在以色列理工大学主修电子工程。在 1973 年,他们(和一位合伙人)一起创业,以 Bitcom 合作组织的名义进口并分销计算机网络设备。后来,Yehuda 拆分了公司,又和自己早期的业务伙伴共同创建了一家新公司 Bynet。这家公司进口各类电子元件,但是主营业务是分销 Codex Corporation 的产品。Bynet 和 Codex 的合同使之在以色列成为市场领军人物。1977 年,Motorola USA 并购了 Codex,坚持接管 Yehuda Zisapel 的经销权。由于其成功的市场表现,Bynet 在随后三年继续掌控公司产品的经销权。在 1981

年,Motorola 决定不和 Bynet 续签经销商协议,转而直接在以色列出售之前 Codex Corporation 的产品。[6]

1981 年,Bynet 经历了一次严重的危机,Yehuda Zisapel 由此改变了业务路径。他劝说弟弟 Zohar 加入公司并建立 RAD 数据通信公司(RAD Data Communications)。对 Zohar Zisapel 来说,接受这一邀请付出的代价是巨大的:意味着他不得不离开部队体系中地位显赫的极棒的职位(国防部电子研究部主管)。"我们先生产,再出口,"Yehuda 对他承诺说,"你有技术知识,我了解市场。我们联手一定会成功。"虽然 Zohar 对各个的业务了解甚少,他还是毫不犹豫答应了。他信任 Yehuda,而且想要帮助他(Levav 1998)。在一次访谈中,他描述自己离开部队,联手 Yehuda 一起创建 RAD 的决定是源于内心的手足情深:

> 如果说在我的整个职业生涯中有一个转折点的话,那就是 1981 年我决定离开部队,接受哥哥的邀请共同创立 RAD Data Communications 来碰碰运气。你也可以说,RAD Data Communications 的创建是由于母亲的 cholent(一道犹太菜肴)。按照传统,每周六是犹太安息日,全家人会围坐桌边共进午餐。这时会上一道称为 cholent 的菜,是炖了一晚的大杂烩:主料是鱼,还有满满一锅的肉、土豆和豆子。当我们坐在桌上边吃边聊时,突然想到在以色列创建一家制造数字通信产品的公司,并出口海外。(Goel 2007，94)

从以色列理工大学毕业后,Zohar Zisapel 就参了军,在以色列国防军最著名的技术情报部门服役。这个部门培养了一大批成功的发明家和未来的企业家。因此,由于他在本部门的最后一个职位是首席科学家,他是创建新企业的理想合伙人。他带进公司的不仅是技术知识和丰富的创造力,而且是一种企业家文化。这种文化源自他们所在军队的特别部门。这是一个非典型的部门——非正式的,所以相对纪律性弱些——Zohar 过去称之为"积极的一团乱"。他相信过于苛刻的纪律性会压制创造力,遏制创新的出现。在常规的军队部门里,士兵的行为是通过严格的日常作息、由上至下服从命令的过程塑造的。这种文化无法鼓励企业家精神和创新精神。相反,技术产业需要自由和独立思考的宽松环境——就像以色列军队特殊部门那样的环境(Levav 1998)。

两兄弟于 1981 年创建了新企业,简单命名为 RAD,意思是研究和开发(Research and Development)(Levav,1998),目标是开发自己的产品。Zohar 和 Yehuda Zisapel 是以色列高技术产业首批先锋队之一。他们背后并没有企业或富裕的投资者。Zohar 从公司领取很低的薪水,Bynet 只负责他所有的个人开销。一开始他还不习惯在这些条件下工作。以前在军队尖端部门就职时,预算从来不是问题,配备的人手也都是一流的。现在他却意识到自己陷于一家小规模创业企业,预算很少,团队战斗力勉强合格。

Zisapel 两兄弟先着手开发"短距离调制调解器"和"遥控线路监视器"。不过调制调解器还不够创新,而监视器又过于超前当时的年代,所以两个产品都以失败告终(Levav 1998)。公司的突破出现在微型计算机调制调解器的开发,它很快成为一个商业奇迹,到 1985 年 RAD 的年收入高达 55 万美元。自此以后,RAD 卖出了上万个微型调制调解器。"小就是好"成为公司的新口号。"这不是靠凭空就能想出来的",Zohar Zisapel 解释说,"没有我在部队的经历,不可能获得这个成绩。"

如今的 RAD 年收入高达 10 亿美元,在六大洲设有 26 家办事处,为 165 个国家的 300 个销售办事处服务。RAD 内约有 30%的员工,即 1 000 人,从事研发工作。正是这一高投入才给公司带来了史无前例的辉煌。RAD 是 Single IP 的创造者,它能使多位用户共享一个上网 IP

地址。RAD也开发了其他不计其数的尖端通信技术及通信硬件（比如调制调解）的微型化。

　　当Zisapel兄弟和Benny Hanigal联手时，再一次证明"小就是好"的口号是正确的。此前，作为一位年轻的工程师，Benny参与了Lavi，即以色列航空业战斗机项目。他们联手开发了一个微型内网产品，并获得了巨大成功。之后的Armon也拥有众多追随者。RAD之后，直到2005年，Zisapel兄弟共创建了26家企业。在那些年里，他们建立了相当与众不同和单一的商业逻辑思维，即权力分散法。在共同的战略框架下，以个体为单位运作，以自治为纽带。RAD Group下的公司体会到了遗传自小企业的优势，即灵活性、企业家精神和管理集中。当母体公司发现一个新的市场商机，且这个商机无法在现存的框架下去实现，兄弟俩就立即创建一家新公司对市场需求做出反应。在2007年的一次访谈中（Mohney 2007），Zohar Zisapel概括了RAD Group的成就：

> 我和哥哥一起创立了27家公司，其中5家后来关闭了，1家脱离了集团；6家在纳斯达克上市；7家被并购，8家依旧私有化运作着。在最近25年间，我们一直在重复这些，所以平均来看，我们每年创立一家公司。1991年是个例外，那年我们创立了3家公司。（p22）

　　RAD Group的一些公司在纳斯达克上市；它们和几家风投企业一起依旧掌控在Zisapel兄弟手中。创建母体，即RAD Data Communications，从未尝试过上市。相反，它是创建母体探索创新举措的关键性的战略资源。在此纲领下创建公司的战略往往遵循一个类似的模式：首先，RAD把一个创新的点子和某个潜在的、集团内部或外部的创业企业进行配对。然后，公司提供启动基金的主要部分，并根据经验指导战略性发展。虽然集团始终十分成功，它倾向于关注新公司慎重的、经过周密计算的创建，几乎不求助于兼并、并购或战略拆分。RAD Data Communications 建立的企业通常分享技术、市场渠道和宝贵的市场信息——对于组织文化来说，合作是重中之重。创业公司最初从集团接受管理和营销辅助，这样可以在早期运营的关键阶段降低运营成本。而且，RAD 鼓励这些初创企业的员工勇于追求成功。这些企业在这一关键阶段往往共享利润、共同做出决策。

Amnon Yaakobi，Armon 资助的公司创始人之一，曾说：

78
　　　　RAD 为我提供基础设施，主要是管理服务和种子基金。他们没有让我养成依赖性，其次是让我自己独立行事，承担责任。打个比方：教孩子学会走路是好事，但是在某个特定时刻，你会希望他能靠自己走路。这就是 RAD 的模式：帮助你，但同时鼓励你发展自己的能力去生存。这磨炼了你的企业家冒险精神这一本能。（2004 年，访谈摘录）

总结

图表 3.1 总结了本章所探讨的九大创建母体公司的环境情景和主要的大事记。可以看出，创建母体在以下方面使用了不同的策略：资源——知识创造对比并购；目标市场——本土体制化市场对比国际竞争化市场。Tadiran 和 Telrad 这组，与 Elisra、Orbit 及 Motorola 这组不同，与 ECI、RAD、Fibronics 和 Comverse 这组也不一样。它们代表的机构直到 20 世纪 80 年代一直处于中央集权化的、受保护的以色列市场。通过它们的控股公司 Koor，它的特点是平面化继承且政治上连接紧密，两家公司都躲过了外部的市场竞争，避免了生存受到威胁。因此，它们不需要在满足体制内的客户需求后再对产品研发进行投资。

它们只需要应付 80 年代期间竞争性市场的不确定即可。当时以色列的经济正经历自由化和私有化的过程。这迫使 Tadiran 和 Telrad，由过去侧重涉足政府项目（国防部或通信部），调整方向转而投资创新资源和知识创造。最终，两个机构的管理文化和愿景瞄准了劳动力、国家和犹太复国主义价值体系。正如之前所说的，这些价值体系和它们对业务的思考互相交织，对公司的演进产生了巨大的影响。

其他所有的创建公司都是私企，其中四家（Elisra、Orbit、ECI 和 MIL）是在合作体制经济期间或由以色列企业家创建，或由外国投资者创建。虽然 ECI 创建于 1965 年，但它在 20 世纪 70 年代经历了一次重大转型，由此被定义为是在竞争经济期创建的实体。Elisra 和 Orbit 的共同特性是对国防产品的定向。在公司员工的心中，能够作为产业的一份子投身以色列国防事业并为之做出贡献是伟大的，意义远超自身所从事的实际岗位。正如 Elisra 的一位高级员工所说，"如果你所在的公司是致力于国防事业的，你是不会抛弃这家公司的"（2010 年 6 月，访谈摘录）。而且，一般来说，军队项目相比民用市场，体量更大且技术更具挑战。这些因素增强了公司成员的工作积极性，并加深了他们对公司的认同感。

剩下的三家公司，RAD、Fibronics 和 Comverse，创建于竞争经济期。与其他公司相反，他们是初创企业。因此从创业初期开始，公司战略就基于全球竞争环境下的知识创造。而且，公司的创建团队已经过以色列国防部最具创造力和创新意识的科学部门的精心培养。

RAD 是由两兄弟创建的，这俩人在创建 26 家姐妹公司的过程中都参与了技术和业务发展。虽然每家姐妹公司都属于不同的技术领域，但都采用相似的业务模式。这一模式是：RAD 的创始人作为导师和教练，培训初创公司的 CEO 们。RAD 还提供资源、知识和市场关系。在这种情况下，RAD 作为仓库，为这些新生公司提供源源不断的宏伟规划、做法指导和资源。相反，Comverse 的模式涉及全力发展并从业务上掌控某个特定的、互相关联的技术商机——语音邮箱和监控。为此,公司大力投资研发,同时并购了许多公司来获取有竞争力的知识,并逐步蚕食竞争对手。RAD 避免了上市,因为公司创始人更倾向于保留对自己创设的第一家公司的绝对控制权。相反,Fibronics 和 Comverse 在创建几年后就在纳斯达克上市。它们与 RAD 的不同之处在于发展战略。RAD 通过创建新的创新技术公司进行扩张,而 Comverse 主要通过并购达到同样目的。RAD 始终体现企业家冒险精神战略,而 Comverse 倾向于通过开发新技术和减少本领域的竞争对手来控制商机。

和 RAD 及 Comverse 不同,Fibronics 是光纤技术领域的领军企业,在其存在的 17 年间从未创设或并购任何公司。这一族谱迅速发展引发了公司内部冲突,最终导致公司富有创新意识和影响力的 CEO 于 1984 年离职,并创办了 Adacom。后者逐渐成为 Fibronics 最强的竞争对手。经过跟踪我们发现,从 1984 年至 2005 年末间,从 Fibronics 离职的人员共创建了 23 家公司(几乎占 Fibronics 顶峰期员工总数的 10%)。看上去,比起 Tadiran 和 Telrad,RAD、Fibronics 和 Comverse 的初始条件和基因事件,使员工更具创业的潜力和意愿。

ECI 虽然正式创建于合作体制经济期,不过就其对创业倾向性的初始环境条件和基因事件的潜在影响力而言,它属于 RAD、Fibronics 和 Comverse 一类。ECI 不是作为初创企业而诞生的,它是由两家小公司兼并而成。作为一个统一的联合体,它第一步主要聚焦国防市场。然而,十年后,即 20 世纪 70 年代末,随着公司领导层的更替,公司战略进行了调整,开始大规模投资创新领域的研发。公司由此逐渐打入了充满竞争的国际市场。

本章回顾了以色列信息技术通信领域九大族谱的创建母体的初创条件和历史沿革过程。我们观察到,在合作和竞争环境下创建的公司各自都具备潜在的特质,这些特质是在创建数年后逐渐塑造而成的。

每一阶段创建的公司都描绘了一个连贯的模式,实现了不同的演进路径。母体公司创建期间的初期条件衍生出迥然不同的族谱特质。然而,在这两个时期,在本章所研究公司的企业文化中,国家建设都被视为公司使命,是公司前进的主要动力之一。不同时期创建的公司呈现不同的商业模式。然而,以色列的民族精神——时刻为国家的利益而奋斗,从未减弱。Zohar Zisapel,RAD 的创始人,动情地说:

> 我们和美国文化非常协调,因为我们的高技术工作起源于美国。我们在那里成长。Effie Arazi(Scitex 的创始人)的第一代,Dov Frohman 的第二代(Intel Israel 的创始人),回到以色列,并把美国企业文化和商业模式一并带来了。我们和美国人使用同样的术语。不过也有不同,因为我们是一个小型社会,这就迫使你必须通过各种方法寻找一条出路。这就是我为什么从来不接受别人回答"不"。"不"本身不是一种回答,我们必须开发出最好的产品。当我努力尝试对美国人解释我们的企业家精神时,我告诉他们一个故事,是关于车子引擎的。当我在部队服役期间,有一次车子在沙漠腹地行驶时突然熄火了。我们尝试了各种方法,最后终于用灌木树枝让车子成功上路了。如果换作美国人,也许会眼巴巴等拖车来。我们之所以会那样做,是因为我们生活的国家经常处于威胁之中,我们所做的每一件事情——至少在我这一代——首要目的是国家生存。这就赋予了你额外的动力和毅力。(2006 年,访谈摘录)

第四章 形成中的族谱
——它们演进的过程和结构

能够减弱个体自我中心意识的唯一力量是集体的力量；能够减弱集体自我中心的唯一力量，是围绕着他们的其他集体的力量。

涂尔干：《社会分工论》

族谱意味着一条传承线。人类族谱受一系列规则的支配，这些规则植根于代代相传的文化、社会和伦理规范。至于组织，我们可以说产业由创建母体公司派生后代演进而来。组织族谱接受变化的过程，指引一个产业按设定的遗传顺序演进。事实上，一个组织族谱复制的结果，即用组织数量的扩大来应对可能出现的机遇。这就产生了一个问题：组织能力和核心特点来自哪里。正如我们在第二章所说的，根据印记理论，一个组织创建时期的初期社会和结构条件通过继承活力对未来组织发展将产生持续的影响(Klepper 2002；Stinchcombe 1965)。基本的假设是一个组织的核心特色通过遗传过程对其后代产生印记，这最终影响某一产业的整个演进。因此，"继承"活力(Franco 和 Filson 2006；Klepper 2002)也许已经影响了以色列高技术产业的族谱演进。

族谱演进受创建初期条件的影响。那些条件影响同一族谱成员的

不同特征,包括企业形式和策略的变化(Boeker 1988)、发展和变化的
速度(Eisenhardt 和 Schoonhoven 1996)、管理模式和规划(Baron 和
Hannan 2005;Burton 和 Beckman 2007;Beckman 和 Burton 2008),以
及死亡率(Carroll 和 Hannan 2000;Swaminathan 1996)。

82

　　本章中,我们研究以色列信息技术通信产业的组织族谱形成及其
特征。我们尤其将追踪每一个族谱的演进轨迹及其发展策略。我们揭
示族谱及各自所处环境是如何演进并影响其发展的。同时,我们也证
明创建期的条件如何影响一个族谱附属企业的创业趋势,创建期的不
同体制环境如何塑造创业能力及派生后代的倾向性。数据显示出,当
追求创新与产业变化轨迹一致时,特定的族谱会繁荣(McGahan
2004)。因此,我们的族谱分析视角呈现出了演进活力,它最终塑造了
以色列的信息技术通信产业——包括萌芽期和成熟期。我们还揭示了
族谱演进的前景是如何归因于植根于它们创建时的天赐环境的。

　　以色列高技术产业演进的研究表明,该产业从萌芽到成熟阶段的演
进是特定事件顺序和生成机制的结果(Avnimelech 和 Teubal 2006)。在
这种情况下,以色列的案例就展现出一种独一无二的、在各阶段共同演
进的创业集群模式(Avnimelech 2008;Avnimelech 和 Teubal 2006,2008)。
Avnimelech 和 Teubal 更多地将产业演进与基于时间的变化相关联,而不
是将其与场景事件相关联,尽管这些事件塑造了产业的萌芽期。产业特
征被认为在每一阶段都是恒定的,而并不考虑产业的多样性。然而,我
们的族谱方法考虑场景,并加深对导致产业繁荣发展的条件和过程的理
解。我们认为创建速度和模式依靠创建期的社会经济条件和政策。而
且,在产业演进的萌芽阶段,创新者为赢得市场接受、资金来源、知识,和
其他必要的、可以支持他们企业活动的资源而展开竞争。因此,族谱传
统预示了母体公司塑造了后代的成功前景(Phillips 2002,2005)。

　　族谱为其成员创出机遇和限制,而且通过复制过程进行演进,反
映出血统的亲和力,同时为历代新企业的形成奠定了基础。凝聚各位

83

企业家、塑造整个遗传线的复制模式筛选非常重要。族谱也许会在高产后代和低产后代之间摇摆——也就是说，随着时间推移产生更多或更少的后代。一些族谱也许会在它们生命周期的后期才会派生出相当数量的新企业。这之所以会发生，是因为特定的情景诱因，比如发展良好的高技术产业集群的存在（Breznitz 2007；Kenney 2000；Saxenian 1994）也许会影响一个族谱产生更多后代的原因和时间。本章中，我们将揭示源于不同创建母体、发展于不同时期的九大族谱的演进路径。本章第一部分，我们将解释族谱是如何构建的；在第二部分，我们描述它们的演进路径和结构；最后，在第三部分，我们解释如何根据各自的后代区分九大族谱。

族谱绘制

用于绘制族谱的以色列信息技术通信产业创建母体公司的数据来源于下列渠道：（1）以色列风投资本（VC）研究中心的历史和现在的档案；（2）以色列中央统计局（CBS）数据库；（3）以色列电子和信息产业联合会（IAEI）数据库；（4）各公司网址；（5）领英 LinkedIn；（6）报纸资料；（7）与 65 位高技术企业和风投企业 CEO 及创始人的访谈。构建信息技术通信族谱包括下列步骤。

数据汇编

我们使用 IVC（www. ivc-online. com）的历史和现在的记录来辨识出所有列在通信相关类别中的公司。IVC 的数据库是根据产业领域来分类的，信息技术通信公司被分在独立的领域中。数据库包括6 500 多家高技术公司和风投基金。就以色列高技术和风投产业而言，它被认为是主要的可靠资源，因此被广泛应用于学术研究（cf. Avnimelech 和 Teubal 2004；Fiegenbaum 2007）、政府和私人领域分析师。我们通过追踪范例中每家公司的起源来构建族谱。

为构建族谱，我们搜寻创始人，他们在创建自己的企业前都曾被九大母体公司中的一家雇用。[1]这就使我们得以把新企业——由独立的企业家在离开孵化公司后创建的企业——增加到基本的孵化器布局和它们不同的后代中去。然后，我们搜寻从九大创建母体公司派生出的、并购的或兼并的公司。我们辨识每家公司的创建团队，及他们创建的公司或创建前所服务的公司，它们就是族谱的母体公司。同样的过程也应用于每一个后代，以便辨识所有未来的每一代。换句话说，我们通过每一代的时间线条向前推进，重复同样的程序。通过这种方法，我们可以搭建一条连贯的公司脉络线，得以辨识它们创建特点的起源。一旦出现超过一位创始人的情况，我们就追踪他们的工作经历。如果他们受雇于族谱（或非族谱）中的某家公司，我们就标记为内生的（或外生的）族谱附属关系。我们不仅通过由上而下的程序（如前所述）追踪企业，而且也由下至上进行追踪。我们从最后的一代中选出一些企业，辨识它们的创建团队和工作经历。最近的雇主被认为是这些团队的母体公司。通过这种方法，我们继续追踪每个族谱的起源，直至找到整个族谱的创建母体公司。这一过程能确保我们采取由上至下的追踪方法时，不错过任何一家企业与创始者。

绘制族谱图

我们使用 Pajek 软件（参见图 4.1—4.9）绘制每个族谱网络。这些图谱说明了每个族谱内各成员间及各族谱之间的彼此关系，使我们得以理解每个族谱代与代之间关系的本质。

九大族谱共包括 769 家公司。因为一些公司也许隶属于不止一个族谱，所以九大族谱的公司总数有 998 个。每个族谱中包含的公司被分为两大组：内生型及外生型。如果一家公司起源于某一特定族谱之外，通过合并进入这一个族谱的，那它就属于外生型。如果一家公司以

"出生"或"合法收养"的形式与一个族谱相关联,那它就属于内生型。根据这一原则,我们在公司族谱中辨识出七大类型(参见第二章)。这些类型包括:(1)创建母体公司;(2)由单位原雇员为实现创业抱负而创建的新生公司;(3)一个族谱的内生型公司所创建的公司;(4)并购(M&As)——那些被族谱某成员并购的公司;(5)兼并——随着两家或以上公司兼并而创建的公司;(6)剥离公司——那些过去是某孵化公司的分部,或其剥离公司,之后成为独立的新实体公司;(7)外生型公司——共同创建者、共同收购者或共同兼并者,它们起源于另一个族谱。展示 1 列出了按照每组的附属种类对公司的区分情况。

展示 1
企业创建频率:根据附属类型区分的族谱

附属类型	族　谱　群　落									总计
	Telrad	Tadiran	Elisra	Orbit	MIL	ECI	Fibronics	Comverse	RAD	
由成员创建	3	4	1	0	3	4	0	2	34	51
剥离	2	11	2	2	5	7	1	8	5	43
并购	4	6	0	1	0	6	5	8	3	33
兼并	2	0	0	0	0	1	0	2	2	7
新型企业	15	85	23	4	22	69	86	67	110	481
创建母体	1	1	1	1	1	1	1	2	2	11
外生型	22	28	27	4	15	68	42	69	97	372
总计	49	135	54	12	46	156	135	158	253	998

在接下来的部分,我们将描述九大族谱各自的演进路径。由于新型公司能最好反映每个族谱的企业家精神,或者换句话说,它的后代由于它们占族谱成员的大多数,我们的分析因此主要聚焦它们。每段描述都附有数据和图表。数据是对每个族谱演进路径的图像型描述(地图);图表通过体现历代及历年间创建的新型企业的数量来提供族谱后代的信息。地图有两个主要构成:节点和边线。节点标示族谱内的公司,而边线反映了公司间的联系。多数节点与两种边线相关:向内和

向外。向内线连接一家企业及其并购者或创建者(向内线的数量越多,并购组织或创建者的数量就越多)。但是,向外线把公司与其吸购或兼并的新型企业相连(向外线数量越多,公司的新型企业、剥离公司和吸购及兼并企业数量就越多)。请注意,一个族谱中拥有向外线的成员仅限于外生型成员——他们在共同创建或共同并购公司前和族谱内其他成员没有任何关联。此外,关于一些从一个族谱中出去共同创业的企业家(比如,外生型)的前雇主,一些数据无从查起。在这种情况下,我们把此类公司标记为"公司"。

族谱图

86

下面的部分将讨论我们研究的族谱图。

Telrad Networks (Telrad)

正如表4.1和图4.1所显示的,创建于1951年的Telrad从历史上来说是以色列信息技术通信产业内第二家通信公司(Orbit是第一家)。Telrad的族谱包含五代,总共仅49家公司,包括外生成员。创始企业Telrad的创业活动一直很匮乏,直到其创建40年后的20世纪90年代才启动。事实上,除了在80年代初创建了一家公司(PC-Etc),这个族谱的成员并没有展现出积极的创业活动,直到Be Connected于80年代成立,这一情况才有所改观(表4.1)。90年代末,Telrad并购并成立了一些公司,比如Media Gate NV和Telrad Connegy,但是这些并没有对族谱未来的扩张带来促进作用。不得不承认,Be Connected的族谱分支颇具规模。然而,可以从这一分支中观察到创建母体来自其他族谱的明显痕迹——尤其是RAD和ECI。Radwiz Systems的一位企业家参与了Be Connected的创建,来自RAD和ECI的其他人员参与了Broadlight的创建。这一分支与其他源于母体公司Telrad的分支的结构显著不同。但是Be Connected分支跨越了三代,由六家公司构成(不包括外生型公司)。其他所有的分支最多跨越一至三代,每代两家企业。有意思的是,Be Connected 的分支由新型企业和并购企业构成(ComGates、Telco Systems 和 Analog Optics),Telrad 和 RAD 反映了有趣的创业趋势组合。

表 4.1
Telrad 族谱:新生企业创建年份与代际分布

第几代	创 建 年 份					总计
	1981—1985	1986—1990	1991—1995	1996—2000	2001—2005	
2	1	0	0	3	2	6
3	0	0	0	1	5	6
4	0	0	1	0	2	3
总计	1	0	1	4	9	15

88   总的来说,作为 Koor 公司 30 或 40 多年进化中的一部分,Telrad 拥有稳定的体制环境和有保障的市场。Telrad 几乎不投资研发,除了其体制内客户的直接需求,以及 20 世纪 80 年代应对激烈的市场竞争外,当时以色列经济正经历自由化和私有化的过程。请注意,虽然 Telrad 在 90 年代经历了连续的危机,许多工程师纷纷离开了公司,但是他们中很少有人把个人精力和知识用于自主创业活动。

Tadiran

Tadiran 族谱的企业根据附属类型的分布显示在展示 1。表 4.2 展示了创建年份和创建代的新企业频率。整个族谱的彼此关系结构由图 4.2 显示。

Tadiran 在 20 世纪 70 年代和 80 年代初期(参见第三章)的蓬勃发展在它的族谱中并未体现。在 1988 年以前,公司并未创建新企业,而且仅仅并购了三家企业,Mavletan、Simtech 和 Telco。Telco 是由 Koor 指定给 Telrad 的,但是机缘巧合却加入了 Tadiran,最终成功促进 Tadiran

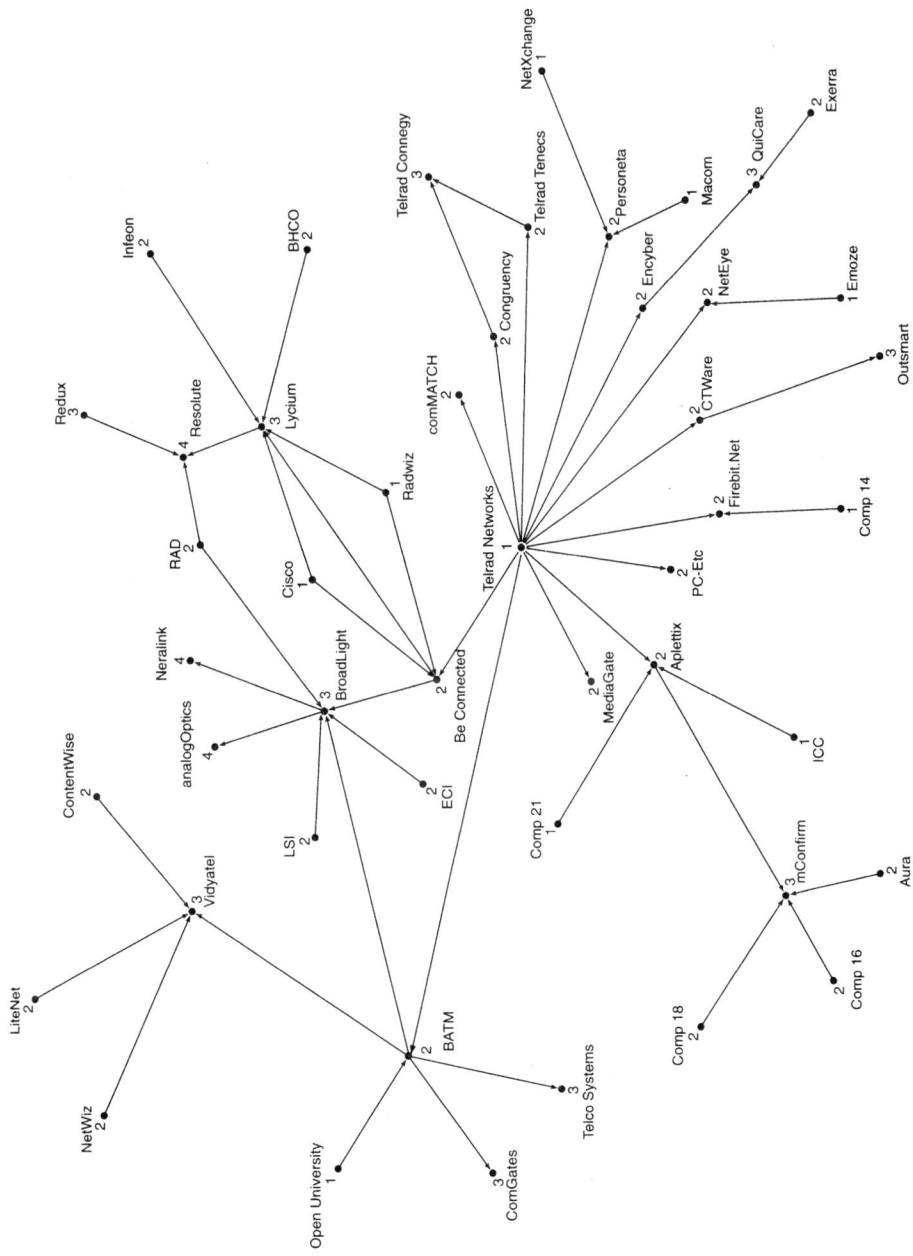

图 4.1

Telrad 族谱：历代所创建的企业

表 4.2

Tadiran 族谱：新生企业创建年份与代际分布

第几代	创 建 年 份						总计
	1976—1980	1981—1985	1986—1990	1991—1995	1996—2000	2001—2005	
2	1	0	0	5	9	2	17
3	0	0	2	5	14	8	29
4	0	0	2	1	10	7	19
5	0	0	0	0	2	8	10
6	0	0	0	0	1	3	4
7	0	0	0	0	1	4	5
8	0	0	0	0	0	1	1
总计	1	0	3	11	37	33	85

打入了通信产业市场。请注意，在 1990 年以前，仅有一位 Tadiran 原雇员创建了创业企业（新企业）。族谱的扩张主要通过新的分裂（后期剥离和出售），或通过以知识获取及市场渗入为目的的并购（比如 Media Gate 和 Elisra）。而且，大部分剥离公司都位于 Tadiran 的核心业务之外。在 90 年代初期，当 Tadiran 经历了金融和商业危机，为重组公司、削减成本，那些剥离公司被首先出售。事实上，Tadiran 族谱的基本框架由创建母体和它的剥离公司组成，后者在早期是以部门形式或为了卖给外部并购者而事先建立的。

从 1993 年到 1999 年，四大主要的剥离公司创建而成：Tadiran Communications、Tadiran Telecom、Tadiran Telecommunications 和 Tadiran Wireless Communication Industries。这些公司和 Tadiran 的其他部分一起被出售了。Tadiran Telecom 是制造商用通信设备的企业，现在的拥有者是非洲以色列投资有限公司。Tadiran Batteries，世界上最大的锂电池供应商之一，于 2000 年卖给了阿尔卡特公司（Alcatel），后者于 2004 年被 Saft Groupe（法国）并购。Tadiran Air Conditioners（Tadiran Appliance）现在的拥有者是 Carrier Corporation，

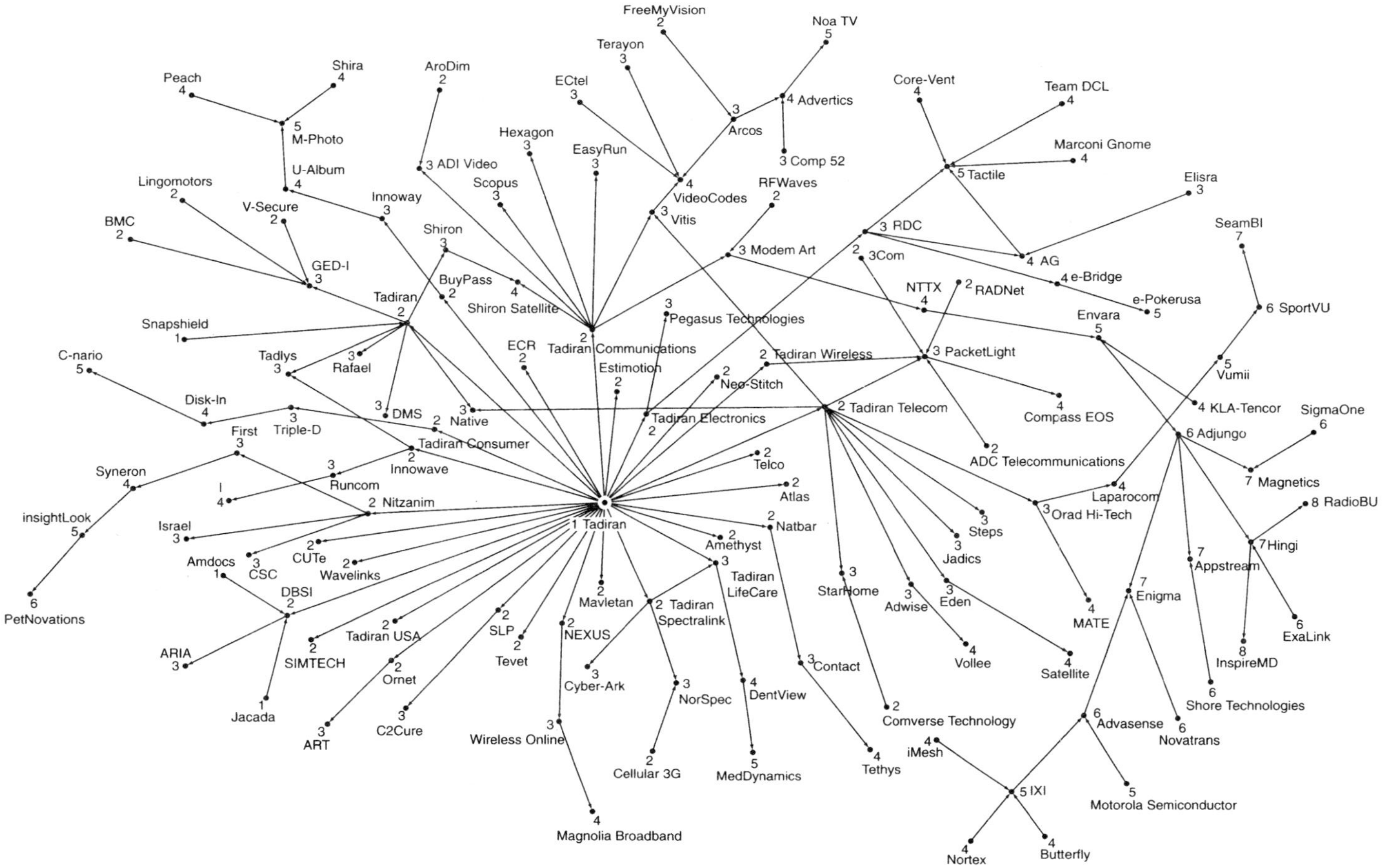

图 4.2

Tadiran 族谱：历代所创建的企业

世界上最大的加热系统、通风系统和空调系统制造商和经销商。1988年,Tadiran Telecommunications,为运输公司和服务商提供网络基础设施解决方案的制造商,被 ECI Telecom, Ltd 兼并。Tadiran Electronic Spectralink,为载人飞行器及无人飞行器提供先进无线通信产品的领袖型供应商,目前都成为 Elisra Group 的一部分。Tadiran Communications,世界最大的 Military HF 和 VHF 策略无线电和通信系统供应商之一,于 2008 年被 Elbit Systems 并购。Elbit Systems 把三大公司都收入囊中(Elisra Group 是 Elbit Systems 的子公司之一)。最终,Aerotel Medical Systems 于 2007 年并购了 Tadiran LifeCare,后者是 Tadiran Spectralink 的分部之一。Tadiran Spectralink 的创建旨在为医疗保健领域设计和开发新颖的无线监控解决方案。

　　Tadiran 的前两代大约持续了 20 年,代际转换及新企业创建的速度仅在 20 世纪 90 年代中期才得以加速,这是在公司开始陷入金融危机几年后发生的。在因特网泡沫破裂前(2000—2001),Tadiran 的原雇员仅创建了 4 家企业。到 1995 年底,Tadiran 的原雇员只创建了 10 家创业企业,1996 至 2000 年只有 38 家,在之后的五年时间里,又相继创建了 33 家创业企业。这一数字低于其他所有族谱在后泡沫期(2001—2006)出现的新公司数量。有趣的是,虽然 Tadiran 经过多年发展,已拥有12 000 名雇员(20 世纪 90 年代末期),积累起渊博的技术知识和专业技能,但是该族谱的企业繁衍能力貌似并没有反映出它的繁衍潜能。

91　　　　Tadiran 族谱第三代至第六代表现出相对高的繁衍能力,这可以归功于这几代的公司创始人都未曾在创建新企业前服务于 Tadiran。因此,这些企业家并没受到 Koor(Tadiran 的母体公司)战略和价值观的直接影响。而且(主要在第三代和第四代;参见表 4.2),他们事先在其他创业企业积累了几年工作经验,已经吸收了恰当的价值观、企业家冒险精神和成功创建新企业所需的知识。

　　总而言之，Tadiran 的族谱没有体现出强烈的创业趋势，公司并未
激励雇员离开公司去利用自身有价值的知识创造新公司。Tadiran 的
原雇员中有些选择去其他创业企业，吸收了真正的创业精神、技能和知
识。他们有的创建了新企业，并且发展十分成功。

Elisra

　　从展示 1、表 4.3 和图 4.3 可以看出，Elisra 族谱规模相对较小，和
Telrad 族谱结构相似。从 2005 年创建起，Elisra 既没有创建，也没有
并购任何一家新公司。实际上，该族谱中仅有一个分支体现较强的繁
衍力——Radcom。Elisra 族谱的大多数新生企业属于这个分支。和
Telrad 族谱一样，这一分支部分属于 RAD 族谱。Radcom 分支的结构
和繁衍力与 Elisra 族谱的其他分支相当不同。虽然 Radcom 经过五代
演进出约 15 家创业企业，其他分支仅仅演化到第二或第三代，仅派生
出一家或两家企业。

　　有趣的是，Tadiran 在 20 世纪 80 年代曾是 Elisra 的股东，Tadiran
于 2005 年把它的两家剥离公司 Tadiran Spectralink 和 Tadiran
Electronic Systems 卖给了 Elisra。

表 4.3

Elisra 族谱：新生企业创建年份与代际分布

第几代	创建年份			总计
	1991—1995	1996—2000	2001—2005	
2	2	2	1	5
3	2	1	5	8
4	1	1	3	5
5	0	0	1	1
6	0	1	3	4
总计	5	5	13	23

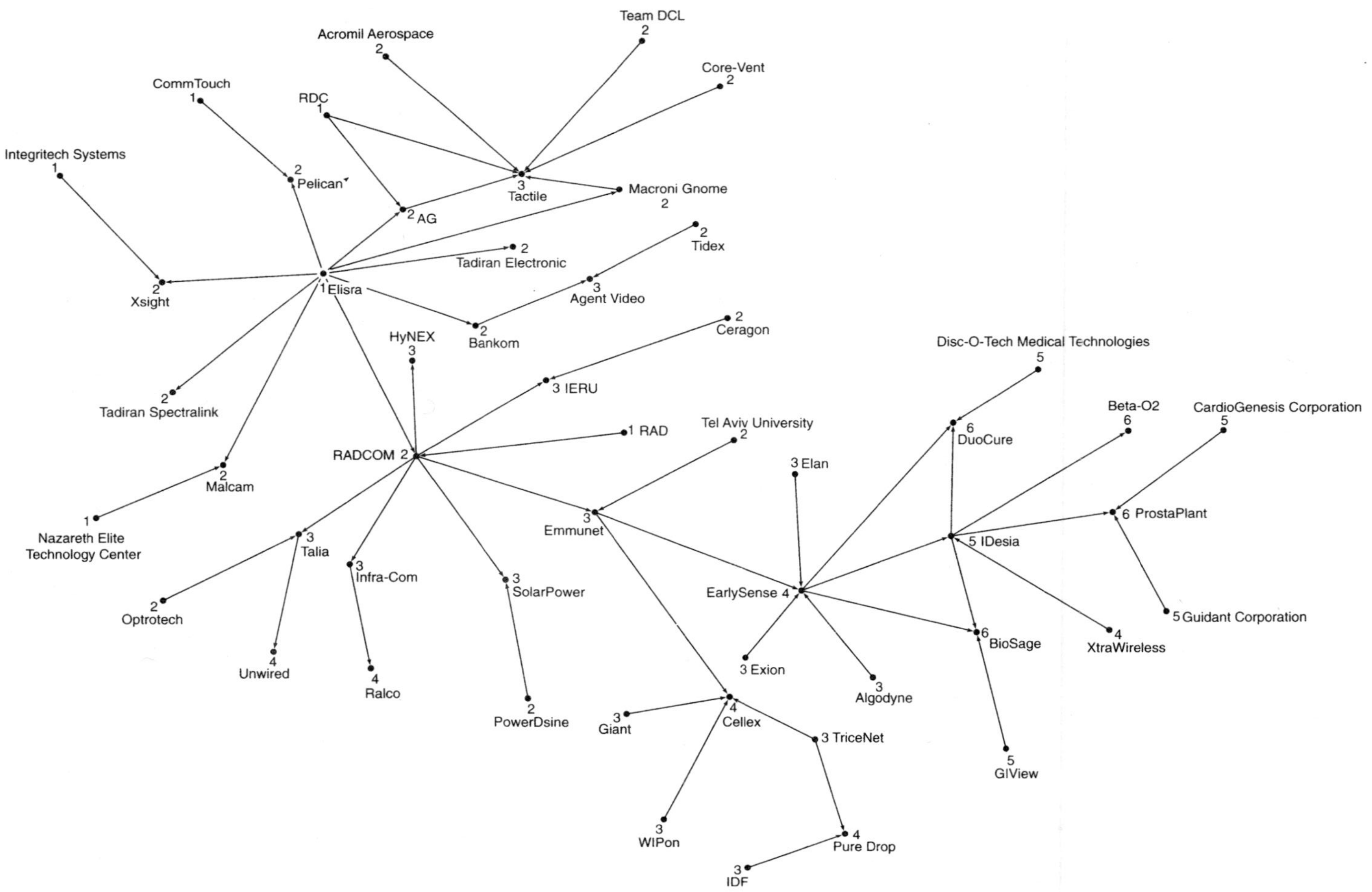

图 4.3

Elisra 族谱：历代所创建的企业

Orbit Alchut Technologies（Orbit）

在本研究中,Orbit 属于九大族谱中规模最小的一个(参见展示 1、表 4.4 和图 4.4)。Orbit 对国防市场的完全依赖性把它与其他族谱区分开来。Orbit 在军事通信项目上的专业性为其提供了稳定的销售市场,但同时,也阻碍了公司开发民用信息技术通信市场。虽然 Orbit 已从早年的私人企业转为后来的上市公司,多年来发展势头良好,并购、剥离了数家公司,但是它的原雇员仅创建出两家企业。Orbit 的一位原雇员创办了 Sagitta,后者的一位原雇员离开 Sagitta 后创办了 Sirica。这两家企业都创建于 2000 至 2005 年间(图 4.4)。

表 4.4
Orbit 族谱:新生企业创建年份与代际分布

第几代	创建年份			总计
	1991—1995	1996—2000	2001—2005	
2	1	0	0	1
3	0	0	0	1
4	0	0	1	1
总计	1	0	2	3

正如第三章所说,Orbit 族谱于 1985 至 2005 年期间通过大规模的并购和剥离(Orbit ACS 和 Orbit Communications)呈现出扩张的态势。这些族谱成员则很少参与创业活动。

Motorola Israel（MIL）

MIL 是 Motorola, Inc. 的一个子公司,公司营业范围在以色列分布广泛,包括销售、生产和研发。在草绘其族谱时,我们追踪其附属于 Motorola 不同子公司的创始人。正如展示 1、表 4.5 和图 4.5 所示,离

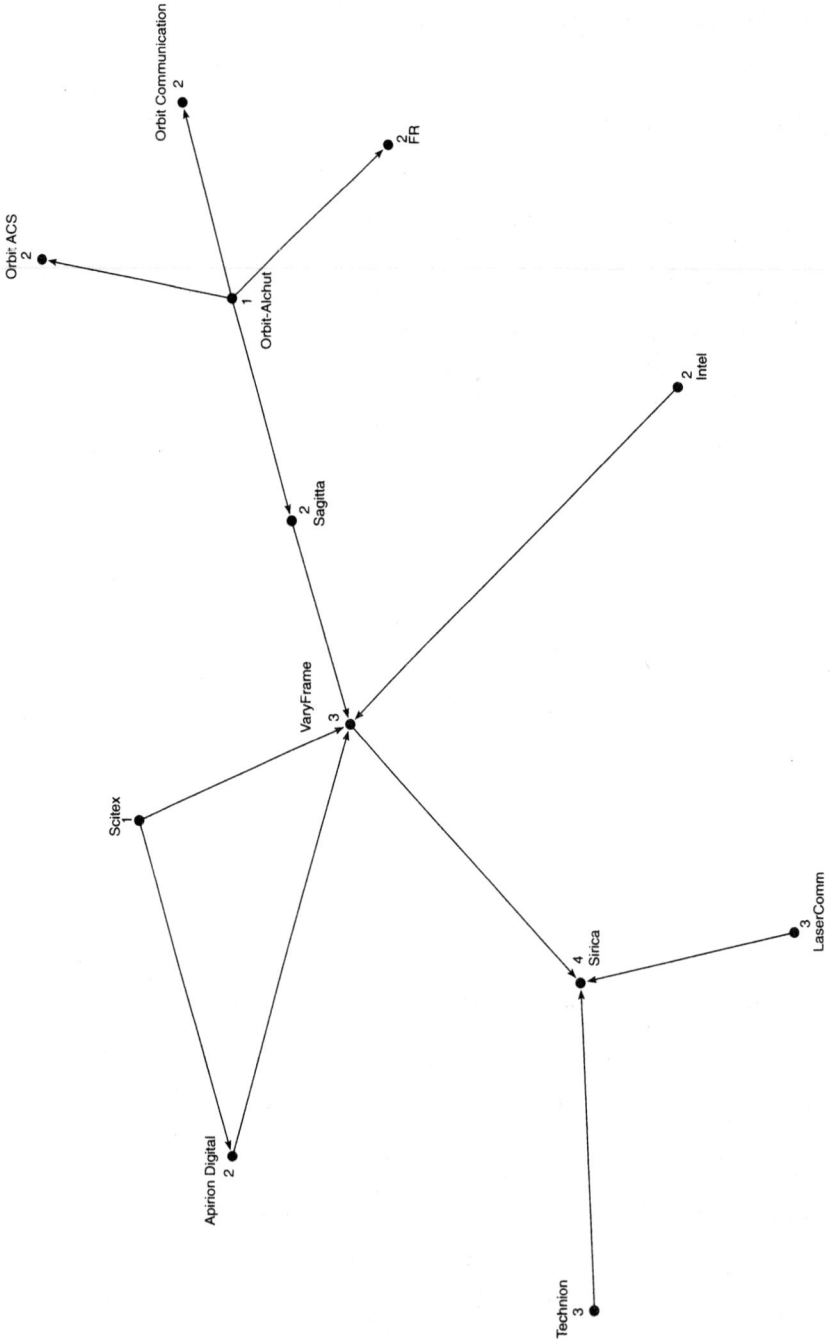

图 4.4

Orbit 族谱：历代所创建的企业

开 MIL 的个体创建了一些新生企业,其中的领头羊仅在 Motorola 进入以色列市场 20 年后就出现了。事实上,MIL 十分重视其工程人力资源,公司积极将创业活力引导向内部的企业家精神——也就是说,在公司内部追求创新。而且,公司于 1999 年决定扩张营业活动,开始投资以色列的创业企业。Motorola Venture Isreal 是 Motorola 的投资实施实体,四处搜寻新的风投机遇——主要聚焦家庭网络、通信网络和移动解决方案——那些与 MIL 技术和市场具有协同性的投资对象主体,MIL 对这些企业进行投资,覆盖产品开发、营销及销售。每年,MIL 挑选出三个创业企业,平均投资周期为三到五年。

95

表 4.5
MIL 族谱:新生企业创建年份与代际分布

第几代	创建年份					总计
	1981—1985	1986—1990	1991—1995	1996—2000	2001—2005	
2	1	1	1	3	2	8
3	0	1	1	3	4	9
4	0	0	0	1	2	4
5	0	0	0	0	1	1
总计	1	2	2	7	9	22

　　MIL 的政策,虽然对以色列通信产业的发展起到了促进作用,却阻碍了 MIL 族谱的开枝散叶。具备创业潜力或经验的个体倾向于在 MIL 企业内部开展活动,因此目光就不去投向更广阔的外部市场。

ECI Telecom (ECI)
　　ECI 是在以色列经济尚被政府高度掌控的情况下创建的,拥有它的商业团队视 ECI 为重要的产品公司。然而,随着时间的推移,尤其是 20世纪 80 年代期间在 Mair Laiser 的率领下,公司进行了转型,变为以研发为导向的通信企业。受竞争性很强的环境所迫,ECI 采取了鼓励创

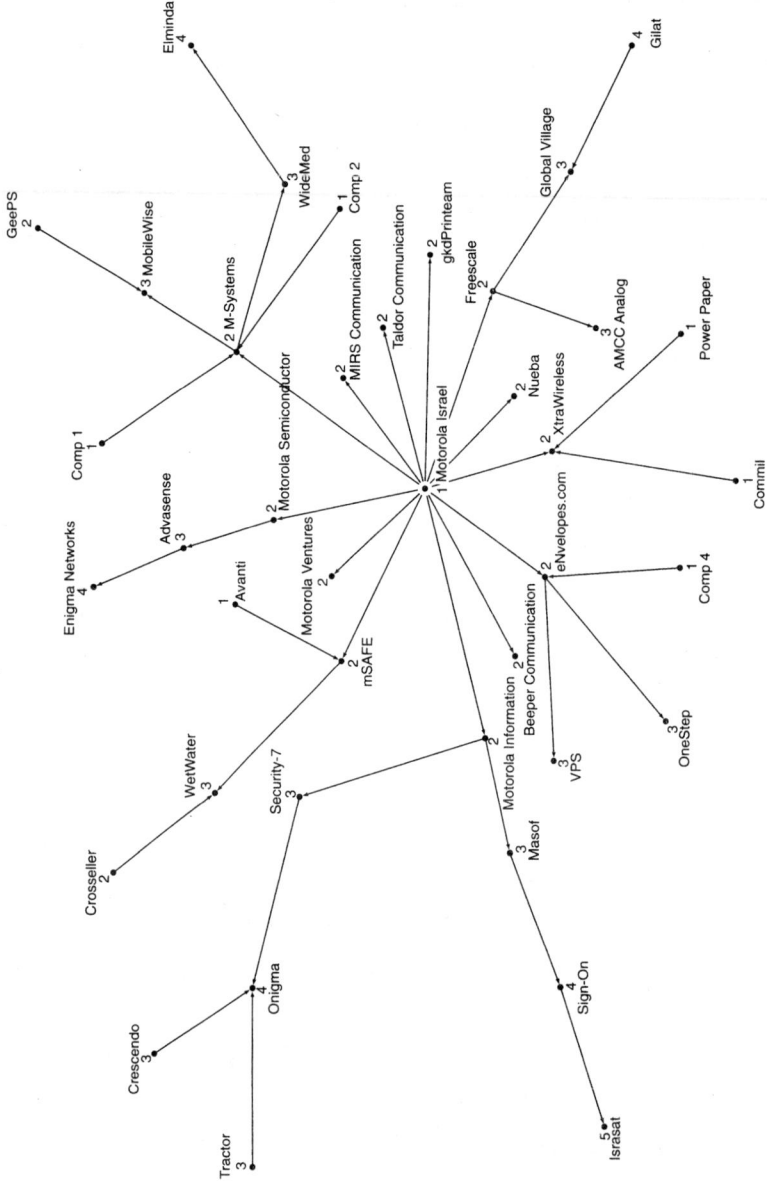

图 4.5

MIL 族谱：历代所创建的企业

新和创业的做法,以适应自80年代末开始繁荣的信息技术通信领域的蓬勃发展。ECI族谱(展示1、表4.6和图4.6)看上去并不像那些在合作经济期创建的族谱(参见第三章)。虽然它的框架由相对众多的并购及剥离构成,它还剥离出超过70家新型企业。

表 4.6
ECI 族谱:新生企业创建年份与代际分布   97

第几代	创建年份				总计
	1986—1990	1991—1995	1996—2000	2001—2005	
1	0	1	0	0	1
2	2	1	12	8	23
3	0	1	11	14	26
4	0	0	2	6	8
5	0	1	1	7	9
6	0	1	0	0	1
7	0	0	1	0	1
总计	2	5	28	35	69

我们辨识出两个战略转折点,标志着ECI向创新型信息技术通信企业转变。第一个转折点是公司决定改变重心,通过开发"Telephone Line Doubles"从国防转到民用市场;第二个转折点是任命 Mair Laiser 为 CEO。以竞争型的、创新的信息技术通信市场为导向,ECI 的商业战略强调在全球及本土通过战略合作谋求发展。例如,ECI 与 Deutsche Telecom 结为战略伙伴关系,并在西德及巴拿马创建了子公司,由此创建了新的分部/剥离公司(Innowave、Inovia、Enavis、Lightscape 和 NGTS),而且把 Tadiran 并入了 ECI。新的企业文化影响了 ECI 的员工。自 20 世纪 80 年代起,公司的原雇员开始纷纷创建新公司。正如表 4.6 所示,23 位原雇员创建了自己的企业。而且,ECI 族谱的第一批新型企业在因特网泡沫破裂前就创建了,这个阶段为在以色列创建新企业创造了大量机遇。

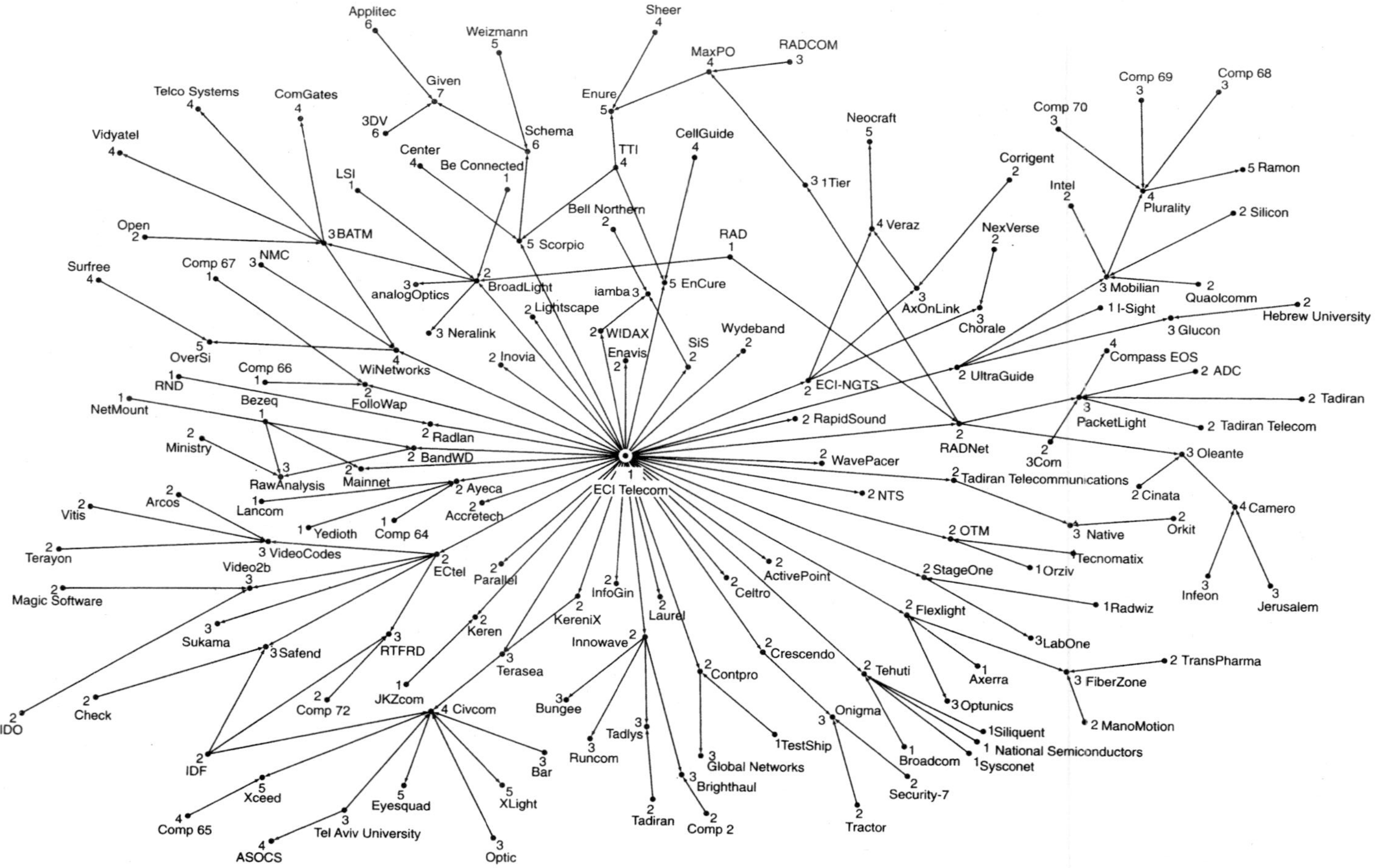

图 4.6
ECI 族谱：历代所创建的企业

最后，就像 Telrad 和 Elisra 一样，可以从 ECI 族谱中看出 RAD 族谱痕迹。Tadnet 起源于 Lightscape，Broadlight 起源于 RAD。Stage One 起源于 Radwiz，RND 和 Axera 的原雇员共同创建了 Radlan 和 Flexlight。至少最早的两家创业企业创造出 ECI 族谱中最多数量的后代分支。从某种程度而言，RAD 和 ECI 原雇员间的合资企业数量也反映出 ECI 的企业家创业精神及公司文化与 RAD 的公司文化比较接近。

Fibronics

展示 1、表 4.7 和图 4.7 体现的数据揭示了一个独一无二的族谱：创建母体没有派生出一家企业，却有 85 家新型企业诞生。离开原单位创建自己企业的创业者们创立了 Fibronics 族谱中几乎所有的成员公司。和 RAD 及 Comverse 相反，Fibronics 没有采取扩张战略。它是 Elron Electronic Industries 创建的诸多新企业之中的一家，这些新企业分布在不同的技术领域。Fibronics 的最初创建理念是为基于光纤的本地通信网络开发连接部件。创建后的三年内，公司始终没能想出具有潜在盈利性的点子，因此新企业在关门歇业的边缘苦苦挣扎。此时，由一位具有创新意识的企业家率领的开发团队把活力重新注入了 Fibronics，公司获得了商业成功。这位新任 CEO 就是 Moti Gura，凭借其坚忍不拔和创新突破的品质树立起榜样。后来，他由于未能被选为 Fibronics International 的 CEO，就离开公司创办了新公司 Adacom。Gura 成功吸引了许多有才华的人士加入 Fibronics，其中一些人跟随他去了 Adacom，另外一些人创建了自己的新公司。Adacom 发展为 Fibronics 族谱中最具繁衍力的分支之一。

除了公司内部积极鼓励创新的氛围，再加上经历过严重领导层危机和环境压力后被迫奋起抗争，Fibronics 成为新一代企业家的绝佳培育土壤：Fibronics 的原雇员创建了 21 家新企业，1997 年至 2005

表 4.7
Fibronics 族谱：新生企业创建年份与代际分布

第几代	创建年份						总计
	1976—1980	1981—1985	1986—1990	1991—1995	1996—2000	2001—2005	
2	1	1	3	8	3	6	22
3	0	0	1	5	6	4	16
4	0	0	0	0	11	9	20
5	0	0	0	0	5	11	16
6	0	0	0	0	0	6	6
7	0	0	0	0	0	4	4
8	0	0	0	0	0	2	2
总计	1	1	4	13	25	42	86

年，整个族谱中诞生了 85 家新企业。最后，值得一提的是，只出现了一家剥离公司和五家并购公司。然而，和其他诸如 Tadiran、Telrad 和 Comverse 等族谱相反的是，这些并购并不是由创建母体发起的，而是由后面几代发起（第四代、第五代和第六代）。因此，它们没有反映出族谱独一无二的企业家特征。

Comverse Technology (Comverse)

Comverse 族谱有两大创建母体——Efrat Future Technologies 和 Comverse Technology——他们几乎是同时创建的。Efrat 首先在以色列注册，而 Comverse 稍后注册于美国。这就是为什么 Efrat 位列族谱图的第一代（图4.8），而 Comverse 位列第二代。族谱展示了 Comverse 的基本结构：两大创建母体——Efrat Future Technologies 和 Comverse Technology；四大剥离公司——Comverse Network Systems、Verint Systems、Startel 和 Starhome。Axis Mobile 和 Exallink 这两大分支的繁衍力远高于其余分支，它们起源于 Comverse Technology 和 Comverse Networks。

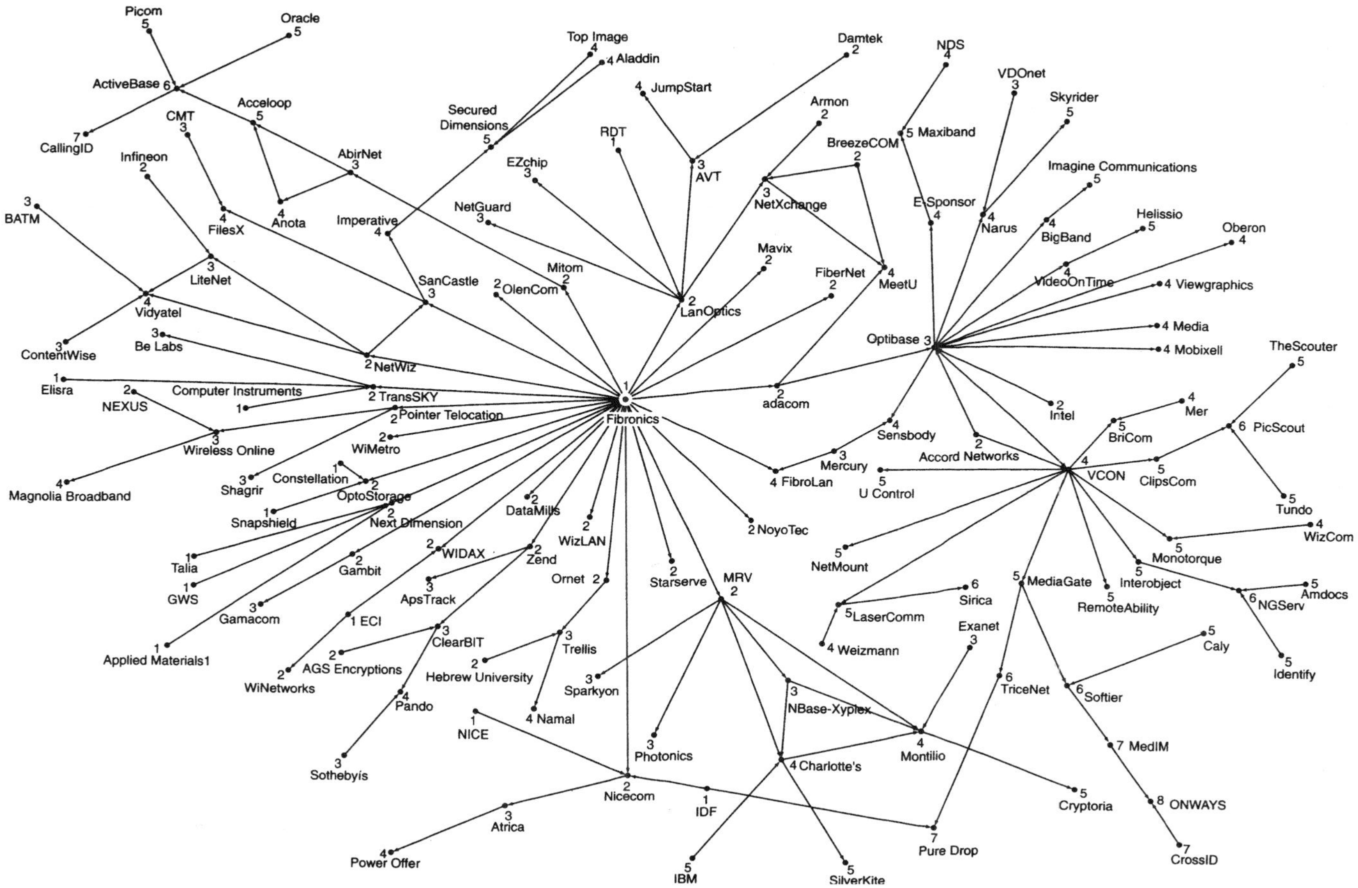

图 4.7

Fibronics 族谱：历代所创建的企业

Comverse族谱的成员只创建了67家新企业。新生企业数量相对较少,这可能和公司战略相关。Comverse作为一家利基(niche)企业,在20世纪90年代,公司将近四分之三的收入来自出售移动邮箱。而且,它创造新商业活动的能力相对有限。这就导致了公司开始采用新的商业策略:大肆并购,目的是获取大量增值技术来帮助Comverse的技术、产品和服务进行扩张并呈现多样化发展。在这一理念基础上,Comverse完成了几次并购,比如Boston Technology、Exalink、Ulticom、Alph Tech、StarHome和Loronix Information Systems。有趣的是,被并购的公司没有创建任何剥离子公司。从展示1和图4.8可以看出,8家公司作为创建母体的并购成果加入了族谱。Comverse(比如Boston Technology、Exalink、Startel和Ulticom)和其他公司(比如Alph Tech、StarHome、Smartsight和Loronix

表4.8
Comverse族谱:新生企业创建年份与代际分布

第几代	创建年份				总计
	1986—1990	1991—1995	1996—2000	2001—2005	
3	0	1	2	1	4
4	1	3	6	6	16
5	0	0	3	7	10
6	0	3	2	3	8
7	0	2	0	2	4
8	0	1	4	0	5
9	0	1	0	3	4
10	0	0	2	0	2
11	0	0	1	0	1
12	0	0	2	0	2
13	0	0	1	0	1
14	0	0	1	3	4
15	0	0	0	4	4
16	0	0	0	1	1
总计	1	11	24	30	66

Information Systems)在稍后几代加入。值得一提的是,与其他族谱相比,通过并购而附属于 Comverse 的企业数量相对较多。而且,Comverse 是和它所并购的公司或剥离公司一起完成这些并购的。Comverse 在并购公司方面的经验及其类似战略知识却几乎无法激励其雇员或族谱中其他成员创建新企业。而且,Comverse 的 CEO Kobi Alexander 并没有在公司内树立一个饱含工作热情的企业家榜样,他处处显出一位老于世故的商业者和金融魔法师的本质。有趣的是,Comverse 的剥离公司之一,CallTalk,创建了一支特别具有繁衍力的族谱分支。CallTalk 于 1984 年被 David Gilo 并购,David 把公司更名为 DSP Group(DSPG)。曾在 DSPG 工作的 Gideon Barak 和 David Glio 一起创建了 DSPC,此类企业家正是 Comverse 族谱内 27 家新型企业的源头。Comverse 的这一分支没有反映出这一族谱的一般发展战略。

RAD Data Communications (RAD)

　　和 Comverse 类似,RAD 族谱有两个相关的创建母体(由两兄弟运作):RAD Tata Communications(RAD)和 Bynet。如第三章所说,虽然 Bynet 是首先于 1977 年被创建的,是一家负责进口并经销计算机网络设备的公司。而 RAD 数年后作为一家信息技术通信公司被创建。但是这两家企业的创业和商业活动是几乎无法割裂开来的。RAD 族谱的演进与其创始人开发的商业模式紧密交织在一起,其创始人对整个族谱都产生了持续的影响。和其他族谱的创始人不同,RAD 的创始人 Zohar 和 Yehuda Zisapel 在第二代、第三代甚至更后面数代中都亲自参与了新公司的创建,而且直到今天他们依旧如此做。展示 1 体现了根据附属类型分布的 RAD 族谱公司。表 4.9 展示了创建年份和第几代的新企业频率。图 4.9 体现了整个族谱的关联结构。

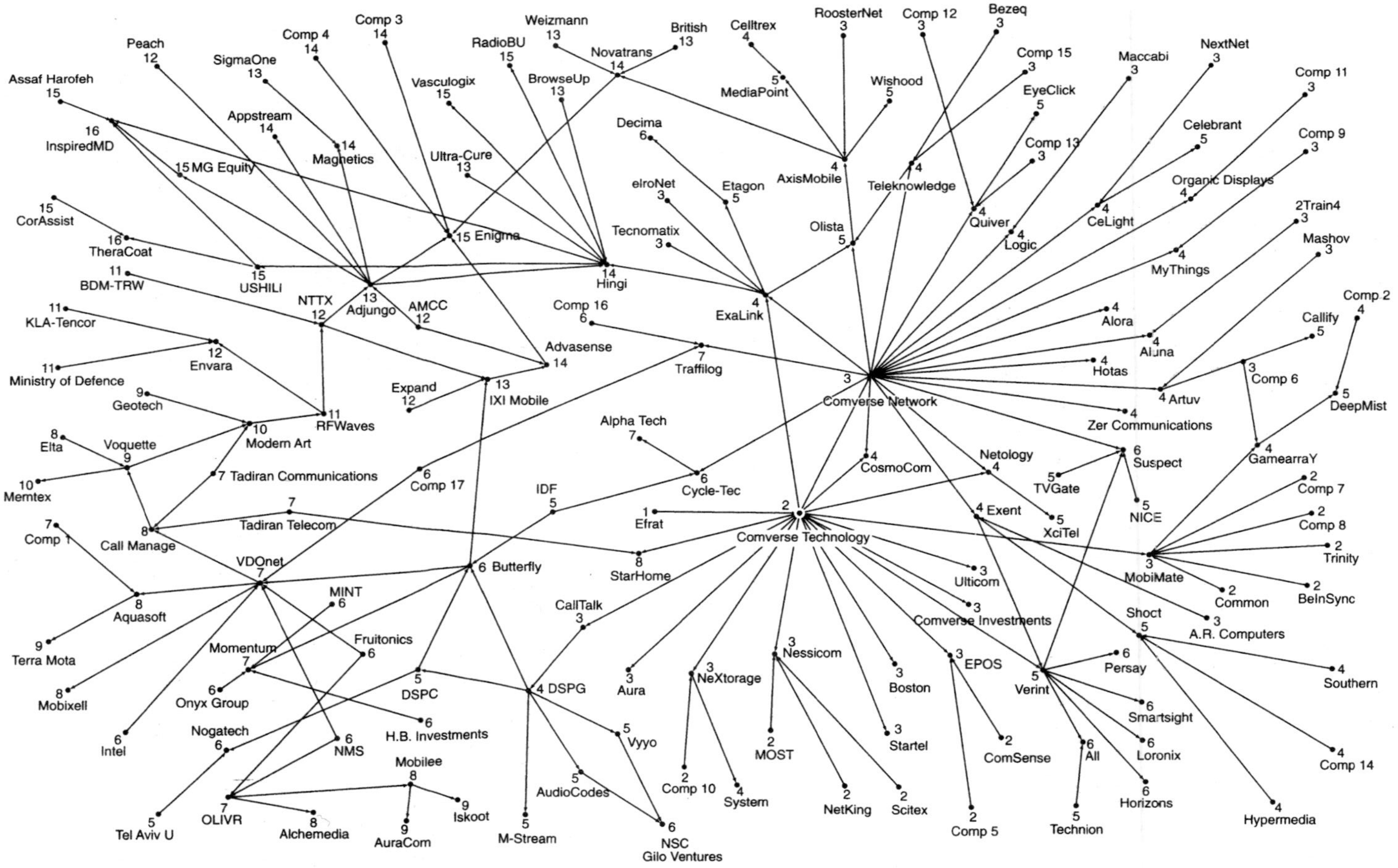

图 4.8
Comverse 族谱：历代所创建的企业

RAD 族谱的脱颖而出在于其强大的繁衍力。它和 Comverse 不同,后者主要通过剥离公司或并购进行扩张,而 RAD 通过创建新公司

表 4.9
RAD 族谱:新生企业创建年份与代际分布

第几代	创建年份					总计
	1981—1985	1986—1990	1991—1995	1996—2000	2001—2005	
2	0	0	0	1	1	2
3	0	0	2	5	3	10
4	1	0	3	10	8	22
5	0	0	0	16	11	27
6	0	0	1	7	11	19
7	0	1	1	3	13	18
8	0	0	0	0	10	10
9	0	0	0	0	2	2
总计	1	1	7	42	59	110

进行扩张,自始至终一贯呈现出创业的战略。正如上一章所陈述的, Zisapel 兄弟俩创建了 26 家新企业(不包括 Bynet 及其剥离子公司)。他们的创业精神激励了公司 10 位雇员,从整个族谱来看也许影响到另外 100 位企业家转而创建自己的企业。

现任 RAD 总裁 Effi Wachtel 说道:

> 当他们离开公司时,我们对他们几乎没有任何不满等负面情绪。而且如果这些伙伴失败了(我们都知道,这种事情在所难免),我们还是欢迎他们回归 RAD。在接下来的日子里他们中就很少有人会再次选择离开公司了。(2005,访谈摘录)

RAD 本身只开展过一次并购(2004 年并购了 Packetlight)。而且两兄弟仅有一次把公司(RND)拆分为三个剥离公司(Radware、Radwiz 和 Radlan)。根据 Wachtel 所说:

104

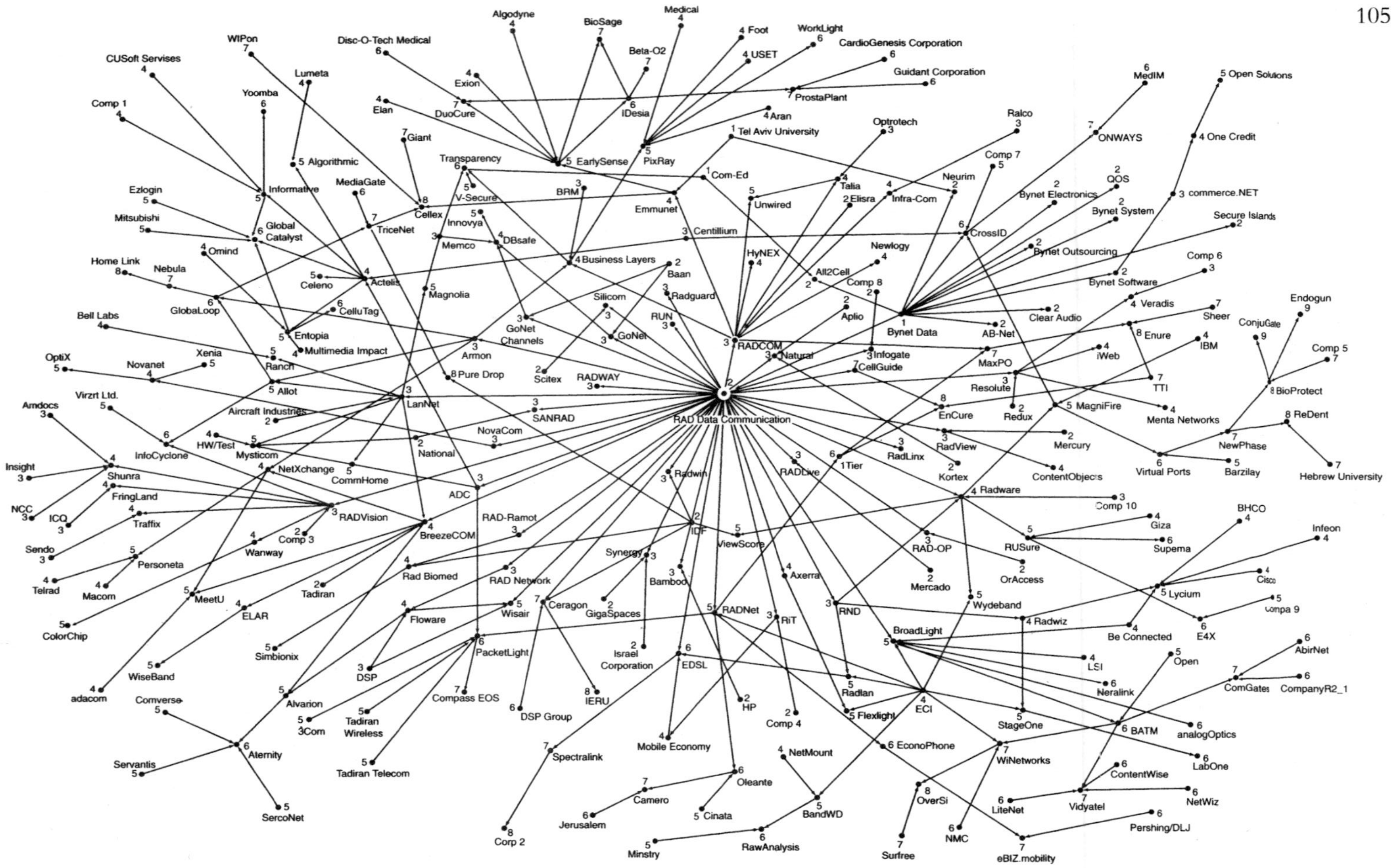

图 4.9
RAD 族谱：历代所创建的企业

RND(RAD 族谱中的一家公司)陷入了巨大的困境。我们实在无法帮助它恢复元气,所以我准备建议公司关门。这时 Yehuda Zisapel 建议把公司拆分为三个。老实说,我当时不理解这一举动究竟对挽救局势有何帮助。没想到奇迹出现了,这一策略奏效了!我们目前拥有三家成功的公司。真希望我事先就对它们进行过投资。(2005,访谈摘录)

这个例子反映出对信息技术通信产业的深层理解,及 Zisapel 两兄弟经年累积的创建经验对公司获取成功的帮助,更不用说对整个族谱起到的加速及繁衍力增强的作用。他们独特的商业哲学,看来已经给他们的后继者带来深刻影响。实践证明,他们的方法是成功的:一旦辨识出一个前景看好的市场或技术机遇,就立即创建一个新公司;把一个创新的点子与有发展前景的创始人进行配对;提供新公司主要的资源和战略指导。RAD 的扩张战略,即不断创建公司,而非开展并购或战略剥离,创造出一个极具繁衍力的族谱。看上去 RAD 相对庞大的第二代在整个族谱中发挥了调解的角色,来中和 Zisapel 兄弟的知识和创业倾向性。

106

九大族谱比较分析:创业倾向性和族谱繁衍力

构成以色列信息技术通信产业的族谱在多样化的创建条件下出现。这些条件可根据创建期的经济政策被赋予一定的特征,从而影响每个族谱的轨迹和繁衍力。总的来说,一个竞争性强的环境为企业家创造机遇,相应地,1977 年至 2005 年间族谱发展非常迅速。那些在合作经济期(1948—1976)创建的企业发展相当缓慢,总体上繁衍力稍逊一筹。然而,在任一经济期创建的所有族谱中,我们认为 ECI 是个特例。虽然它创建于 20 世纪 60 年代,属于合作期,但是 ECI 在整整十年后才经历主要的组织和文化变化。我们把它单独列出来,是由于这一族谱的创建横跨了两个经济期。事实上,把 ECI 归入任何一个群体——1977 年前或之后——都不会改变已发现的一般模式。表 4.10 展示了根据附属类型和族谱群分布的公司:(1) 合作体制经济期——Telrad、Tadiran、Elisra、Orbit 和 MIL;(2) 竞争经济期——Fibronics、Comverse 和 RAD;(3) 调解型族谱——ECI。

表 4.10
企业频率:根据附属类型的族谱群落

附属类型	族谱群落			
	合作体制期	ECI	竞争型	总计
由成员创建	11 1.10%	4 0.40%	36 3.60%	51 5.11%
剥离	22 2.20%	7 0.70%	14 1.40%	43 4.30%
并购	11 1.10%	6 0.60%	16 1.60%	33 3.30%
兼并	2 0.20%	1 0.10%	4 0.40%	7 0.70%
新生企业	149 14.92%	69 6.915	263 26.35%	481 48.10%
创建母体	5 0.60%	1 0.10%	5 0.50%	11 1.20%
外生型	96 9.51%	68 6.61%	208 20.84%	372 37.27%
总计	296 29.66%	156 15.63%	546 54.70%	998 100.00%

我们衡量九大族谱每一个的创业繁衍力的变量有三种:体量、发展速度和恢复力。第一个变量——体量,代表族谱规模,体现在由独立的、离开原先孵化组织的企业家创建的派生企业数量(比如,新生企业)。这一变量不包括剥离公司(由孵化公司创建的新公司)或创建母

体公司对其有业务兴趣的公司。因为新生企业与创建母体或其自身的孵化器没有必然的业务关系，它们间接地反映了创建母体通过繁衍所体现的族谱势力。

第二个变量是族谱的发展速度。族谱的繁衍力不仅反映出其成员的数量，而且反映出族谱演进的速度，体现在新生代的数量及每一代或每一年所派生企业的数量。衡量对象是：(1) 每一代的跨年数（生命周期/有几代)；(2) 每一年及每一代创建的新独立企业（新生企业）数量体现的发展速度。第三个变量是族谱的恢复力，即在环境震荡期间创建新企业的趋势。

107

体量

表 4.11 体现了九大族谱在所有三个衡量纬度上都有差异性。数据显示，RAD、Fibronics 和 Comverse 于 20 世纪 80 年代创建时都属于小规模企业，随即遇上竞争型经济。派生了比其他创建于 50 至 60 年代合作体制期的族谱，诸如 Telrad、Tadiran、Elisra、Orbit、MIL 等，都要多的新生企业。与竞争型经济期相关的三大族谱不仅在派生新企业方面繁衍力更强，而且发展速度快很多。如预期所料，三大公司的族谱——Fibronics、Comverse 和 RAD，在创建速度方面领先一步，每一代的跨年数最小，同时每一代及每一年的新型企业数最多。

109

发展速度

表 4.12 体现出族谱繁衍力在不同时期的效应（合作型及竞争型）。数据把竞争经济族谱与其他族谱分开处理，只考虑最初两个繁衍力衡量标准：体量和发展速度。更具体来说，竞争型的经济族谱比合作型的经济族谱派生更多新型企业：每年 3.50 比 0.63，或每代 7.96 比 5.51。虽然合作体制经济类中的族谱每代的生命周期是 8.42 年，但是竞争体制经济类中的族谱每代的生命周期仅为 2.14 年。

表 4.11
九大族谱的繁衍力衡量：体量和发展速度

繁衍力衡量	族　谱								
	Telrad	Tadiran	Elisra	Orbit	MIL	ECI	Fibronics	Comverse	RAD
体量									
新生企业数量	15	85	23	4	22	69	86	67	110
发展速度									
有几代	4	8	6	4	5	7	8	16	9
跨年数	55	44	39	55	42	45	28	23	24
每代跨年数	55/4=13.75	44/8=5.50	39/6=6.50	56/4=14.00	42/5=8.40	45/7=6.42	28/8=3.50	23/16=1.43	24/9=2.66
每年新生企业数量	15/55=0.27	85/44=1.93	23/39=0.59	4/56=0.07	22/42=0.52	69/45=1.53	86/28=3.07	67/23=2.91	110/24=4.58
每代新生企业数量	15/4=3.75	85/8=10.62	23/6=3.83	4/4=1.00	22/5=4.40	69/7=9.85	86/8=10.75	67/15=4.19	110/9=12.22

表 4.12

三大族谱群落的繁衍力衡量

繁衍力衡量	族谱群落		
	合作体制型	ECI	竞争型
新生企业			
平均体量	29.80	69.00	87.66
发展速度			
平均代	5.40	7.00	11.00
平均年份	47.20	45.00	25.00
每一代的跨年数	8.42	6.42	2.14
每一年的新型企业数	0.63	1.53	3.50
每一代的新型企业数	5.51	9.85	7.96

　　表 4.13、4.14 与 4.11 及 4.12 类似,除了一个不同之处:所有与超过一个族谱有附属关系的新生企业未计算在内。这个数据库的分析显示出,当类似新生企业从分析中被割裂出去,合作期及竞争期的族谱间繁衍力的差异性更大。

　　在竞争型族谱中派生的新生企业平均数为 57.66,不过在合作型族谱中派生的新型企业平均数仅为 19.6。前者派生这些企业的速度比后者更快:竞争型的每年 2.30 家企业比合作体制型的 0.41。竞争型族谱每一代创建的平均新生企业数为 5.24,而合作体制型族谱每一代创建的平均新生企业数为 3.62。虽然合作型族谱每一代的生命周期为 8.42 年,竞争型族谱每一代的生命周期短得多——仅为2.27 年。

111

恢复力

　　第三个区分两大群落(竞争型和合作型经济)的变量和*族谱恢复力*相关。表 4.15、4.16、4.17 和 4.18 展示了过去 60 年间新生企业数量方面体现出的族谱繁衍力——在高技术泡沫时代之前,之中及之后。最后一个时期从 2001 年至 2005 年。

表 4.13

九大族谱的繁衍力衡量：体量和发展速度

繁衍力衡量	Telrad	Tadiran	Elisra	Orbit	MIL	ECI	Fibronics	Comverse	RAD
体量									
新生企业数量	7	59	8	3	21	42	68	45	60
发展速度									
有几代	4	8	6	4	5	7	8	16	9
跨年数	55	44	39	56	42	45	28	23	24
每代跨年数	55/4=13.75	44/8=5.50	39/6=6.50	56/4=14.00	42/5=8.40	45/7=6.42	28/8=3.50	23/16=1.43	24/9=2.66
每年新生企业数量	7/55=0.12	59/44=1.34	8/39=0.20	3/56=0.05	21/42=0.50	42/45=0.93	68/28=2.42	45/23=1.95	60/24=2.50
每代新生企业数量	7/4=1.75	59/8=7.37	8/6=1.33	3/4=0.75	21/5=4.20	42/7=6.00	68/8=8.50	45/16=2.81	60/9=6.66

族 谱

注：具有双重附属性的新生企业不在此表内。

表 4.14
三大族谱群落的繁衍力衡量

繁衍力衡量	族谱群落		
	合作体制型	ECI	竞争型
新型企业			
平均	19.60	42.00	57.66
发展速度			
平均代	5.40	7.00	11.00
平均年份	47.20	45.00	25.00
每一代的跨年数	8.74	6.42	2.27
每一年的新生企业数	0.41	0.93	2.30
每一代的新生企业数	3.62	6.00	5.24

注：具有双重附属性的新生企业不在此表内。

从表 4.15 和 4.16 可以清楚看出，竞争型经济的三大族谱在泡沫时代甚至更具繁衍力。更重要的是，比起 Telrad、Tadiran、Elisra、Orbit 和 MIL 彼此之间的繁衍趋势，Fibronics、Comverse 和 RAD 彼此之间的繁衍趋势差异性在高技术泡沫危机后更突出（2000—2005）。创建于合作期的五大族谱在这一时期没能加大发展力度，但是创建于竞

表 4.15
九大族谱的繁衍力：跨年的新生企业数量 112

族谱	跨 年					
	1932—1980	1981—1985	1986—1990	1991—1995	1996—2000	2001—2005
Telrad	0	1	0	1	4	9
Tadiran	1	0	3	11	37	33
Elisra	0	0	0	5	5	13
Orbit	0	0	0	1	0	2
MIL	0	1	2	2	7	9
ECI	0	0	2	5	28	35
Fibronics	1	1	4	13	25	42
Comverse	0	0	1	11	24	30
RAD	0	1	1	7	42	59

表 4.16
三大族谱群落的繁衍力：跨年的新生企业数量

族谱群落		跨　年					
		1932—1980	1981—1985	1986—1990	1991—1995	1996—2000	2001—2005
合作体制型	N	1	2	5	20	53	66
	平均	0.2	0.4	1.00	4.0	10.6	13.2
ECI		0	0	2	5	28	35
竞争型	N	1	2	6	31	91	131
	平均	0.33	0.66	2.00	10.33	30.33	42.66

表 4.17
九大族谱的繁衍力：跨年的新生企业数量

族　谱	跨　年					
	1932—1980	1981—1985	1986—1990	1991—1995	1996—2000	2001—2005
Telrad	0	1	0	0	1	5
Tadiran	1	0	3	9	24	21
Elisra	0	0	0	4	1	3
Orbit	0	0	0	1	0	1
MIL	0	1	2	0	6	6
ECI	0	0	1	8	15	19
Fibronics	1	1	4	10	20	30
Comverse	0	0	1	8	15	19
RAD	0	1	1	2	26	27

注：具有双重附属属性的新生企业不在此表内。

113　　　争期的族谱却持续繁衍。考虑到 20 世纪 90 年代六大创建公司的规模（员工数量），最年轻的三家公司，即 RAD、Fibronics 和 Comverse，在 2000 至 2005 年期间表现出更强的繁衍力。表 4.17 和 4.18 提现出同样的数据，不过具有双重，甚至三重附属性的公司不在此表内。同样的效应也反映在这些图表中：竞争期内族谱的强大恢复力。

表 4.18

三大族谱群落的繁衍力：跨年的新生企业数量

族谱群落		跨 年					
		1932—1980	1981—1985	1986—1990	1991—1995	1996—2000	2001—2005
合作体制	N	1	2	5	14	32	36
	Mean	0.20	0.40	1.00	2.80	6.40	7.20
ECI		0	0	2	4	19	18
竞争型	N	1	2	6	20	61	85
	Mean	0.33	0.66	2.00	6.66	20.33	28.33

注：具有双重附属性的新生企业不在此表内。

第五章　创建和族谱演进

以色列高技术产业自 20 世纪 60 年代诞生起就获得了成功，我们也探寻到其成功背后的秘诀了。最关键的因素是政府无条件的支持，尤其还有一些人士发挥聪明才智，推出了首席科学家激励计划和风投产业。以色列创业文化和创新意识也功不可没。另外的重要因素还有国家规模小、网络更紧密及我们的利用能力。所以谁掌权并不重要，你支持哪个政体也无所谓，在以色列，一些事情在人民心中是有共识的，高技术产业的人们知道如何调动体系并彼此团结一致。我们这些高技术产业人员见证了规模小不仅意味着美丽或联系更紧密，而且意味着和国家及其资源有更强的附属关系。

Nir，一位成功的通信技术创业公司创始人

2007 年 6 月

对以色列信息技术通信产业的研究表明，各类因素的共同演进，包括政府政策、创新的创业文化及风投产业的发展促成了该产业令人瞩目的发展。和硅谷类似，以色列信息技术通信产业是在体制和服务机构集群诞生的基础上发展的。这些集群促进了成功的、创新的技术和创业企业文化的演化（Senor 和 Singer 2009）。以色列信息技术通信产

业可被视为一个集成的"生态系统"(比如 Kenney 和 von Burg 2000)。可以概念化为一组体制、政策和做法,这些因素导致了产业显著的发展模式(Avnimelech 和 Teubal 2004;Breznitz 2002,2007; Carmel 和 de Fontenay 2004)。这些研究从集群的视角分析了该产业,这一视角整合了产业主导技术条件必需的创业模式和一流技术的大胆创新。

115

集群分析法的概念性优势主要与创建企业的体制激励相关。鉴于自 20 世纪 90 年代以来,在以色列涌现了 6 500 多家创业企业,及数量相对少的、员工在 500 人以上的大中型企业,集群分析法支撑的理念认为建立创业企业是以色列的"专长"。这也进一步强调了以色列是一个"创业的国度"(Senor 和 Singer 2009)。实际上,集群分析并不涉及商业模式的多样性和创建过程,尤其是 90 年代初新通信和因特网出现之前的历史产业根基。因此可以说,这一方法是整体性的。我们的族谱分析法是对集群分析法的补充,试图理解历史演进背景下的以色列高技术产业。信息技术通信产业在 20 世纪 90 年代至 21 世纪初的发展,可以通过以色列独一无二的历史条件及其国家独立后的社会、经济和公共政策来说明,也可以归因于全球在创新通信技术和基础设施方面的蓬勃发展。族谱分析法使我们得以追踪以色列高技术产业自早期创建以来的演进过程。通过追踪不同的族谱,我们得以揭示不同的创建模式,并说明这些模式如何出现、激增,并塑造信息技术通信产业各自不同的发展轨迹。

我们认为族谱的结构、特征及其最终的发展规模,受其自身特定遗传和亲属关系的影响,创建初期的条件影响了母体的塑造和演进方式。反过来,这些条件又影响了这些母体的后代,并间接影响了信息技术通信产业的整体演进。创建母体把自身积累的知识(日常业务、规范、价值体系和最初的预期)、创业和管理规划沿着遗传和亲属关系传递给后代。由于族谱的塑造受不同初期条件影响,这些条件导致企业具有各自不同的创业倾向性,因此族谱的繁衍力和规模都不相同。换句话说,特定产业族谱的演进路径反映了创建母体显著的创业倾向性。

本章中,我们构建了一个概念框架,来回答一些研究所引出的问题:特定的族谱为何比其他族谱具备更强的繁衍力?是什么原因导致这一现象发生?为此,我们遵循理论的框架,认为创建母体在诞生期间的初期条件受当时社会政治和经济环境的塑造,而且这种塑造对其后代也产生持续的影响。

本书开发了一种族谱分析法,通过追踪以色列信息技术通信产业的 731 家公司的创建和附属性,对采集的数据进行分析。该产业的发展,从传统意义上说,归功于产业集群形成的高效性。这种形成是基于产业基础设施和支撑体制的共同演进,包括源于国防部等实体的创业文化(参见附录)。为了从族谱分析的视角来理解信息技术通信产业的发展,我们暂时告别集群分析法,因为它只关注产业出现和发展的活力,只聚焦构成该产业的公司的创建过程。而我们的目标是理解产业出现和演进的轨迹。因此我们的方法能补充解释以色列高技术产业活力的现存机理。

本章内容安排如下。首先,我们提供一个简明扼要的概念性框架,来表现族谱的活力和它们主要的构建成分。接着,我们探讨主要的发现,探究其关键构造:环境条件对创建母体留下的印记、继承和传递、演进轨迹和繁衍力,以及最终的融合。最后是总结部分,对研究一个新产业的出现给予一些启迪。

族谱演进的一般原则

族谱演进是指沿着代际派生新企业的过程。也许有人会说,创业机遇是存在于一个族谱"DNA"之中的,包括它的创业趋势、知识和日常活动。族谱的演化也包括后代从母体那里继承一定特征的过程——比如知识、价值体系、组织能力和管理做法——及这种继承如何影响族谱的繁衍力(Phillips 2002,2005)。族谱的演化暗示出,每一家企业都为族谱中所有的企业提供知识和创业能力的仓储服务。(如 Wiewel 和 Hunter 1985)。

族谱演进过程和创建的环境和初始条件有很紧密的关联——那些塑造母体公司特征及最终族谱特征的"大事件"。这些环境条件包括市场规模、技术、价值体系及特定的经济或政治危机(Agarwal et al.,2004;Baron,Burton 和 Hannan 1999;Baron 和 Hannan 2005;Bhide 2000)。创建期间的外部环境对特征的塑造有很大影响。这些特征印记在组织身上,包括政策、项目和劳动力市场结构(Stinchcombe 1965)。导致最终成型的特征通过之前描述的遗传过程代代相传,影响了创建的新公司为什么及如何与特定的族谱紧密关联,而非与其他族谱发生关系。

我们已经阐明了通过父母-后代关系产生的印记和继承,解释以色列信息技术通信产业的演进轨迹。因为每个族谱的后期发展都是基于那些关系的。理解族谱轨迹要依靠辨识母体拥有的组织特征——比如价值体系和管理规划——及他们的后代构建自己公司所采用的这类体系及规划。请注意,族谱轨迹也许会模糊这些特征的印记和继承(Burton 和 Beckman 2007;Beckman 和 Burton 2008),原因有以下几种:(1)随着时间的推移,环境在变化,公司自身也在经历变化,这些都会影响公司接受某种特征,而拒绝其他特征;(2)通过父母—后代关系传递的组织元素也许会在代代相传时被"稀释";(3)后面的几代会体现出一种趋势,及倾向于由两个或更多族谱中的成员共同创建新公司。同样地,我们认为,族谱各代对某种特征的坚守程度,会对族谱的演化、发展和繁衍力产生持续的倾向性影响。

创建母体的环境印记

为证明印记理论,我们辨识出两个体制时期。它们也许对塑造创业趋势、创建母体的能力及后期两大族谱群落的演进产生作用。第一个时期是 1977 年以前，当时的理念是集体利益高于个人利益，而且集体和个人资源都应全身心投入国家建设这个总目标。在国家形成年代，这一时期与政府及其他国家体制、体制对经济和产业活动的干预有高度关联性。我们称这一时期为"合作体制期"。第二个时期的标志是政治不稳定，向新自由经济，私有制领域的蓬勃发展转移。我们称这一时期为"竞争期"。接着，我们研究在这两个时期创建的族谱的特征。

我们对九大创建母体组织的分析表明，在这两个明显迥异的时期出现的公司采取了不同的策略，涉及知识创造或知识并购，目标市场的不同选择——体制化的本地市场或国际化的竞争型市场。RAD、Fibronics 和 Comverse 都创建于竞争期，这些公司的战略就是基于知识创造和创业导向性。而 Tadiran、Telrad、Orbit、MIL 和 Elisra 都创建于合作体制期，因此它们中大多数都主要聚焦知识并购。竞争期群落的族谱创建母体在萌芽阶段，其创始人都同时关注商业和研发。宗旨就是在充满竞争的环境中生存下来并蓬勃发展。然而，合作体制期群落的创建母体的愿景却是国家建设、社会责任和生存；这些公司的运作处于一个高度集权化、体制化的以色列通信产业，这一现象一直持续到 20 世纪 70 年代。合作体制群落的公司基本上不受外部竞争的威胁，如果体制内的客户没有特殊需求，公司就不去投资研发。有一个族谱，即 ECI，虽然创建于合作体制期，却经历了重大的领导层和组织变化。因此这一族谱体现出了两个时期的典型特征。为此，我们认为它属于混合型。

继承：知识、价值和规划的传输

Zohar Zisapel，RAD 族谱的两大创始人之一，几年前在一次以色列高技术产业管理人和创始人论坛上，风趣地说道：

每年都有才华横溢的年轻新秀工程师加入 RAD。和我们共事两至三年后，他们就意识到对于我的哥哥（Yehuda）和我能做的事情，他们能做得更好……于是他们就离开公司去创业了。这就是为什么我们的族谱规模那么庞大。

从 Zohar Zisapel 这段话可以感觉到，他和他哥哥为这些人提供了创业的温床。那些在这个温床上成长的年轻人掌握了创建新企业必备的洞察力、理解力和技术能力。随着时间的推移，曾在 RAD 工作过的人又再度为后续的一代又一代企业家提供温床。这就是我们的族谱框架背后的理念：创建母体的创业能力、价值体系和做法通过代际的附属性质传输下去，并由此促进了族谱的发展和繁衍。我们很难，甚至是不可能，去准确找出创建母体到底把哪种价值体系、能力或规划传输给后世的每一代。然而，我们的历史性分析指出了一些指标可以支撑以下几个理论观点。

第一，创建母体对跨代间的影响力各有不同。如果一个母体公司目前依然存在，那么它对其后代可能产生*直接*影响。不过即使有些公司历史很短，它依旧能创造出强大的族谱。只有 RAD、Comverse 和 Orbit 的创建母体，自创建之日起直至 2005 年底，一直对它们的后代产生直接影响（参见图表 3.1）。在其他族谱中，创建母体的多数后继者甚至都没有机会去了解自己的"父母"。然而，母体公司的持续存在并不是一个族谱具备繁衍力的必要条件。例如，RAD、Comverse、ECI 和 Telrad 目前依然都存在，不过繁衍力考量指数都不相同。Tadiran 族谱，虽然创建母体公司的原始形态在 20 世纪 90 年代初期就不复存在了，但是该族谱直至 2005 年都始终保持较强的繁衍力。Fibronics，虽然只存在了 17 年，却创造出最具繁衍力的族谱之一，这就证明了母体公司即使对后代来说树立模板的时间相对短，却依然能够做到这点。一旦母体的价值体系、特征和规划开始转移给后代，它们自身的存在也

119

许就未必是繁衍和发展的必要条件。然而,就像 RAD 一样,和后代产生关系的活跃的创始人若始终活跃在公司商业舞台上,很可能会增加其繁衍力。

第二,创建母体的影响力仅限于本族谱内,而不会跨越不同族谱。也许有人会说,由于 RAD、Fibronics 和 Comverse 这三大繁衍力强的族谱,其创建母体是在以色列高技术产业颇具影响力的公司,所以它们不仅能为本族谱树立榜样,而且也为其他族谱中的公司树立了榜样。谷歌对于这些创始人的引用频率——Uziah Galil(Fibronics,34 000),Zohar Zisapel(RAD,37 000)和 Kobi Alexander(Comverse,133 000)——就证明了他们的潜在影响力。然而,我们发现九大族谱的特征和繁衍力各不相同,尤其是两大族谱群落之间差异较大。这就表示创建母体对自身族谱的表现会产生更大的影响。

第三,繁衍力强的族谱的创建母体呈现不同的发展模式,这些各异的模式再由其后代继承下去。三大最具创业特质的族谱(RAD、Comverse 和 Fibronics)共有的独一无二的特征反映出它们创建母体独有的创业特征。这些特征在塑造它们的族谱结构时发挥了重要作用。以 RAD 为例,它是由两兄弟创建的,其中一位是技术型企业家,而另一位是商业导向的企业家。他们两人都秉持创办"卫星"公司的发展战略,使这些公司遍布信息技术通信产业的多个领域。除了推出技术创新点子,他们也是高产的企业家,23 年间共创办了 36 家新企业,比其他族谱创始人总量都多。

相比 RAD,Comverse 的创建母体为本族谱创建了一个不同的创业模式。三个公司创始人中两位是技术型专家,一位是金融专家。他们致力于开发并控制某个特定的技术利基(niche):语音邮箱和监控。他们投资产品研发,同时也并购了相当数量的公司来获取有竞争力的知识,同时又减少了市场竞争。虽然 RAD 和 Fibronics 一贯采取基于创建新企业的创业策略,但为捍卫自己的利基,Comverse 倾向于在开发新技术的同时，对竞争对手开展并购。比起其他族谱的并购数量，Comverse 通过并购引入族谱的附属公司数量更多。

第三个繁衍力强的族谱 Fibronics 创建于竞争期，它也反映出创建母体 Uziah Galil 传奇般的特点。Galil 对公司日常管理不太积极，而公司 CEO——Moti Gura，塑造了公司独有的特征。当他于 1984 年离开 Fibronics 并创建了 Adacom 时，Gura 说服了一大批有才华的工程师（几乎占 Fibronics 顶峰时员工总数的 10%）追随他去了新公司。我们追踪了 1984 至 2005 年底之间由这批 Fibronics 原雇员创建的 23 家公司。Fibronics 在其 17 年的生命中，没有创建或并购一家公司；其下一代也同样如此。

第四，继承的直接渠道各异。比起其他族谱，RAD、Fibronics 和 Comverse 的创建母体创造出更多的渠道供日常惯例和规划直接传输给后代。例如，第一代公司持续派生新企业，以期和其他族谱的年轻一代类似。但是只有 RAD、Fibronics 和 Comverse 在每一代都派生新生企业。这些新生企业扮演的渠道角色有助于日常惯例和规划更顺畅地在后代之间散播。每一个加速规划传播的渠道都是由族谱的一系列企业家打通的。RAD 族谱中的 56 位企业家，Comverse 的 37 位企业家和 Fibronics 的 30 位企业家都参与了不止一家新企业的创建。与此相比，这一数字在下列族谱中的分布情况为：Telrad——11 位，Tadiran——25 位，Elisra——8 位，Motorola——11 位，Orbit——1 位和 ECI——24 位。通过此渠道，RAD、Fibronics 和 Comverse 创建母体价值体系对族谱的潜在影响力比其他族谱都强。

而且，RAD 和 Comverse 参与了跨代的创建。也就是说，创建新企业时，企业家有来自后面几代的公司代表。这类联合创建使前辈创始人得以把价值体系和规划直接转移给后面几代的新公司。我们对 RAD 和 Comverse 跨附属关系的公司进行了分开统计，结果分别为 8 家和 5 家。

系列企业家接力型或跨附属关系的传输导致更强的繁衍力，这点

121

几乎毋庸置疑。一方面,繁衍力越强,企业网络密度更大,对创业规划和日常惯例开放的渠道也更多。另一方面,更多的渠道意味着更强的潜在繁衍力。换句话说,对于转移渠道和繁衍力的因果关系,我们还无法给出定论。从演化的角度看,有可能在某一时间,繁衍力影响族谱的结构,反过来这个结构又在后面某一时间加速了能力的传输。这一观点与我们的隐含假设一致,即代表派生新公司能力的繁衍力不仅驱动了结构特征,而且驱动了族谱的可塑性。一旦达到某个繁衍速度,繁衍力就影响到族谱的结构及繁衍模式。每个族谱都呈现出不同的繁衍力组成,这就导致特定的族谱布局。比如,Firbronics、Tadiran 和 ECI 在商业活动下降后,都表现出增长的繁衍力。在这一下滑期后创建的新公司改变了创建母体和危机前创建的后代的基本结构、做法和管理规划。

第五,跨代传输价值体系、做法和日常惯例的机制存在。不同的族谱具有各自的日常惯例、做法和管理规划,我们发现不同的机制使显著的组织特征实现跨代转移。我们先陈述族谱内这类转移发生的主要过程和结构,然后通过举例加以佐证到底转移的是什么。

第一,第一代父母-后代转移。第一个转移机制是某个族谱内直接的父母-后代关系。比如,Lannet 是 RAD 早期创建的企业,后来和另一家源于 RAD 的创业企业兼并了。原先在 Lannet 工作的一位创业者说道:

122

> 由于我们(创始人)都与 Zohar(RAD 创始人)共事过,这一背景对彼此兼并起到了很大的助力作用。我们以平等的姿态规划兼并,并共同决定该先做什么。我们对彼此的市场进行分析,并携手设计如何在各自的市场部署我们的技术和服务战略。说起来容易做起来难,但是我们在兼并前进行的审议过程中都遵循 Zohar 的逻辑思维习惯和规划方法。(2007,访谈摘录)

除了应用源于原雇员及其与 RAD 创始人的亲密关系的规划方法，兼并后整个过程的核心是创造一个包容的组织文化（Drori、Wrzesniewske 和 Ellis 2012）。两家公司的创始人都强调这些组织基本是不同的，一个聚焦市场和销售，而另一个专注研发和技术。这次兼并的另一位合伙人说：

> 然而，在 Lannet 与 Zohar（RAD 创始人）共事，和部队中的情况类似。Zohar 就像一位发布指令的指挥官。从他身上，我们学会了如何挑战极限，把不可能变成可能。如果你愿意，这种能力或知识能为兼并带来成功。诚然，组织之间存在差异，但是我们作为创始人，拥有共同传承的信念：一切皆有可能。（2007，访谈摘录）

Uri 和 Noam，Fibronics 族谱里的两个第三代创业企业的创始人，进一步补充了族谱内各代之间转移的是什么，是如何转移的。Uri，一位软件工程师，这样说：

> 我们的 CEO 永远不接受"不"作为回答。如果有人用高高的围栏挡住他前进的道路，他会立刻跨过去；如果围栏太高，他就挖个沟钻过去；如果他没法挖沟，他会跑很远去绕开围栏……反正没有什么能阻止他。我不知道他是从哪儿获得这种品质的，也许是因为他在军队的特殊部门服役过。作为他的员工，我们只有听从他的指挥，没有第二种选择。虽然我没有他的军事经验，但是我相信如果你想成功，就必须这么做……我很肯定地说，如果我自己创业的话，也会像他一样做……（2009，访谈摘录）

Noam，同一族谱中的硬件工程师，补充道：

123　　　　我的老板是个系列企业家,我们的创业企业是他的第三个孩子。看着他,我对自己说：天哪！他怎么会有那么旺盛的精力？他处理问题和困难的能力来自哪儿？他非常固执,从不放弃,而且从不休息。我知道在以色列军队的特殊部门,他也并非所谓的英雄,也许人人都那么拼命。我只认为在创建了两家企业后,你就会成为这类人。你知道如何去创建一家企业。我有一些朋友也计划创建新企业。他们试图从各方面模仿他。我觉得自己还缺乏足够的内在力量去迈出这一步……(2009,访谈摘录)

　　第二,遗传活力跨代持续。第二个非中介转移机制,是日常程序、做法和规划通过族谱纵向传递的遗传活力,尤其体现在特定族谱创建母体的佼佼者中,包括它们充足的社会资本、声望及在产业内的植入性(Shane和Stuart 2002)。正如我们所证实的,这类重要创始人的影响力会代代相传,并影响族谱内组织的繁衍力及生存力(Burton, Sorensen和Beckman 2002)。在信息技术通信产业内享有一定声望的创始人通过各种创建模式来增强自身寻找并开发商机的能力。比如,创建一系列企业或与其他有潜力的企业家强强合作。例如,有发展前景的企业家高度评价Zisapel兄弟的声望、业务综合体、知识和经验。同时,他们也寻求与这对兄弟的新企业建立联系。类似系列创业或跨代创业的创建模式增强了管理规划的直接转移。在这些模式中,具备一定经验的创始人的存在有助于进行规划,不管"代沟"存在与否,这种规划都被直接转移下去。

　　让我们看下面这个例子。一位地位显赫的、充满自信的系列企业家描述创建一个新企业的过程。

　　　　我的第一次退出是在互联网繁荣时期,这改变了我的工作议程。我的兴趣并非是看着一个公司成长,而是创建它们。这个战略有一定的风险,也许不一定会受欢迎,也不一定完全正确。但

是,这就是我的做事方式,而且它适合我。我是怎么做到的? 很简
单,在我创建的其他公司四处搜寻好点子和人才。这些人都是渴
望创业的——就像我一样。有人会说克隆并不是一件好事情,但
是对我来说却奏效。(2008,访谈摘录)

　　而且,在采访创始人的过程中,我们收集的一些事件可以证明附属
于特定族谱的企业家拥有一种共同的"DNA",而且这种"DNA"是可被转
移的。我们的采访对象提到可被转移的是身份的核心特点,是特定族谱
独有的。例如,在启动研究前,我们采访了大量创始人,我们依据的是他
们在以色列高技术产业的重要地位而非族谱附属性。根据他们的族谱
附属性,我们把创始人进行分类再进行采访,然后分析这些访谈。我们
发现在很多情况下,他们所在组织的关键性身份特征都来源于他们在孵
化公司所学习和继承的事物。我们辨识出特定族谱创建公司(主要是
RAD、Comverse 和 Fibronics,而 ECI 和 Tadiran 明显性差些)的这些关键
特征的源头。诸位创始人都特别强调的特点有:聚焦特定技术发展方案
和程序、创建标准和过程及雇用关键技术和管理人员的流程。在一些与
RAD 有关联的企业中,创始人提到他们的创建模式是先雇用他们军队部
门的战友。这是因为他们欣赏战友的创造力、忠诚度和忍耐力。代际间
转移的是什么,这一重要性与族谱的显著特征相吻合。创始人认为这些
特征是具象的,有必要获取认同感、合法性,并获取必要的资源。

　　族谱的构成和结构不仅影响新企业的业务范畴和繁衍速度,而且
让它们呈现出独一无二的、代代相传的特征。新组织不仅能受益于雇
员创建和维持新企业过程中所掌握的技能,而且能从它们的族谱附属
性也受益颇多。这种附属性对外部环境发出的信号是"我是蓝筹股"
(Burton 2001)。以以色列杰出的风投公司之一的合伙人的评论为例,
当我们把族谱框架展示给他时,他试图说服我们创办一个基于我们调
查结果的企业。他声称我们对于不同族谱繁衍力的研究可以开发成一

124

个有潜力的筛选工具。

你可以为像我或人力资源经理这样一类人提供必要的信息，包括隐藏的、与潜在的创始人工作经历相关的文化和特征。例如，如果他曾在繁衍力强及创业意识浓的公司培训过，那么他很有可能也具有创业倾向。（2005，访谈摘录）

同一家公司的人力资源经理补充道：

而且，如果我想要为一家规模相对较大的公司聘任 CEO，我永远不会选择 RAD 或者 Fibronics 族谱内的候选人，原因就是他们所处的族谱是由小公司构成的。我会去诸如 Tadiran 这样的族谱寻觅人才。这一族谱的成员具备大公司赋予的价值体系、做法和日常惯例。

第三，共同创建。第三个组织做法和价值体系的转移机制是共同创建，也就是说，同一族谱内两家或以上公司的成员联合创建新公司。这一机制不仅有助于组织做法和价值体系在族谱内传输，而且有助于其在不同的族谱之间传输。通过采访这类创始人了解相关逸事，我们发现创业价值体系和做法往往是和更具繁衍力的族谱成员有关联，而这类族谱多数形成于竞争期时代。这一观察结果非常重要，因为它也许能够说明那些对新创建公司有益的特征和做法。通常，这种相互作用，使得族谱间能在传输切实的创业技巧，及寻找和开发商机的能力上，彼此紧密地结合在一起（参见 Senor 和 Singer 2009）。例如，在观察公司是如何在官方网站上呈现自身时，我们发现了创建母体的持续性特征和代代相传的特定的、共享的价值体系的痕迹。

Tadiran 和 Elisra 的族谱的组织创建于合作体制期，在自身与国家之间的联系上更关注对自身的描述，公司的使命植根于国家安全和国家建设的任务之中。有趣的是，与 Tadiran 和 Elisra 的成员相反，属于 RAD 族谱的组织在自我描述时却突出创始人和管理人的杰出性，及并购高质量人力资本时的辉煌史，这些特征都增强了公司的竞争实力。这一间接的证据证明了我们的观点，即创建母体独有的价值体系会代代相传。然而，在后期的几代中，当以色列社会接受了个体的、竞争的价值观后，我们发现"国家建设"价值观的代表性日益减弱，与创业、创新和技术优越性相关的价值观日益受到重视，后者在竞争期的族谱中更占支配地位。

　　总的来说，在回答族谱中"代代相传的是什么？是如何传输的？"这类问题时，我们的观点是基于两套有充分依据的观点：首先，组织日常惯例、做法或价值观在父母-后代关系中（Phillips 2005），及创始人与孵化器雇主的附属关系中（Klepper 2009；Burton，Sorensen 和 Beckman 2002）是可转移的。第二，与印记理论一样（Stinchcombe 1965），某一特定族谱的母体创建时普遍的初期条件塑造了每一代公司的创建结构及其未来对族谱扩张的潜力。这主要是通过包含了创业实践和价值观的 DNA 的复制。

126

　　第四，繁衍力在困难时期各不相同。我们观察了两大类族谱群落的繁衍力，甚至包括了 20 世纪 90 年代经济泡沫期，不同族谱内的所有公司都受到了竞争和创业环境的影响。我们的观察显示出最初的特征具有可持续性，即使在环境困难时期依旧可代代相传。

　　我们的分析也显示族谱的创建母体公司，在特定的环境中成型并被特定的初期条件所塑造，把它们特定的 DNA 传给后代。这些族谱的高繁衍率显示它们各自的创业能力已被切实地传输了下去。

演进轨迹和繁衍力

　　比起母体公司创建于合作体制期的族谱，出现于竞争期的族谱创建母体在所有繁衍力的考量维度上得分都相当高。后者比早其 20 年的族谱所附属的公司派生出更多的新型企业，而前者则享受到了体制市场的特权，即社会主义的、中央集权化的经济。更具繁衍力的族谱在繁衍新公司（新型企业）的数字和深层的复制结构上，都与其他族谱不同。他们的演化速度比繁衍力稍逊的族谱更快——也就是说，每一代的跨年数更小。他们的代与代合计的年代线也更长。而且，源于竞争期的族谱比源于合作体制期的族谱每年能派生更多后代。

最后，两大族谱群落，一组是 RAD、Fibronics 和 Comverse，另一组是 Tadiran、Telrad、Elisra、Orbit 和 Motorola，其后代趋势的差异性在高技术泡沫危机期也很明显（2000—2005）。后五大族谱创建于合作体制期，在 2001 至 2005 年间没有任何发展，这点值得引起注意。因为处于历史更悠久的族谱内的公司比新族谱内的公司规模更大，所以看上去创建母体对族谱繁衍力的主要影响依赖历史环境和遗传。通过研究以色列信息技术通信产业的族谱发展，可以清楚看见创建于合作体制期的族谱比创建于竞争期的族谱繁衍力稍逊一筹。族谱承载着自身积累的，包括与生俱来的能力来确保它们的生存（Helfat 和 Lieberman 2002）。

从族谱演进到产业演进：族谱趋同

我们观察了很多案例，来自不同族谱的企业家联合创办了新企业。而且，很多此类企业是由分别创建于两个不同经济时期的族谱群落内的企业家创建的。请注意，如果我们忽略那些同时附属于两大族谱群落的公司，我们的分析结构就表明繁衍力衡量维度的差异性更大。这类公司有助于知识和能力从一个族谱转移至另一个族谱，并由此模糊它们的界限。附属于繁衍力稍逊族谱的公司通过挖掘那些在创建新企业方面有经验者的能力和资源来搜寻创业机遇。一位在 Tadiran 工作到 20 世纪 80 年代末的企业家回忆他在那里的经历时说：

　　我在 Tadiran 的工作颇具挑战性,然后遇上了危机,许多人下岗了。幸运的是,我在与 RAD 的业务来往过程中认识了 Gaid(他的合伙人)。当他邀请我一起创业时,我立刻就同意了。我的技术很棒,但是他知道怎么做生意。这就是 Zisapel 兄弟(RAD 创始人)公司教会大家的东西。(2004 年 7 月,访谈摘录)

正如之前所提到的,在 Telrad 或 Tadiran 经历巨大的危机后,选择离开的雇员虽然具备了足够的技术知识,但却还没做好创业的准备。很多这些潜在的创业者宁愿花几年的时间先效力于其他创业企业,以便吸收相关的规划、合适的价值体系和创业精神。这些都是创建一家成功企业所必备的要素。

　　我们也发现合作体制时代的族谱的一些分支,比如 Telrad 和 Elisra,一开始是由两位或以上创业者联合创立的合资企业。这些创业者附属于竞争期的族谱,比如 RAD 和 Fibronics。这些分支比其他分支更具繁衍力,派生了更多的后代,每一代公司的数量也更多。

　　促进合资企业诞生,并最终导致信息技术通信产业的后代蓬勃发展的因素之一,是族谱界限的渗透性,即从一个族谱到另一个族谱的移动,主要发生在 2000 年后。Zohar Zisapel,RAD 的创始人之一,曾说过:

　　我知道该做什么;我有想法。我需要的是素质好的管理者,能把这些想法转化为一家成功的创业企业……我知道去哪儿发现这类人才……在高技术产业领域,往往很容易就能定位到他们。(2009 年,访谈摘录)

Zohar Zisapel 和来自另一族谱的个体共同创建的企业作为桥梁连接了彼此的企业网络。因此,创业趋势的扩张就超越了 RAD、

Fibronics 和 Comverse 的界限。

简而言之,附属于繁衍力强的族谱的创始人的知识溢出和能力为拓展创业机遇提供了至关重要的动力(比如,Helfat 和 Lieberman 2002)。此外,自 20 世纪 80 年代以来,宽松的体制环境和新通信技术的出现为新的创业企业创造了机遇,甚至也为那些并未从产业孵化器处继承创业能力和知识的创业企业带来了机遇。

创建于竞争期的族谱蕴含的创业文化,使创业者得以通过跨族谱企业分享他们的创业能力。这就解释了为什么我们可以在高技术产业的整个族谱布局中看出繁衍力。混合族谱团队在创建新企业时体现的趋同过程,为通过知识和信息转移的发展提供了必要的资源和条件(Shane 2000;Burton,Sorensen 和 Beckman 2002);更优化的网络(Shane 和 Cable 2002;Wiewel 和 Hunter 1985);技术知识和创业阶段技术发展的一线经验,及对创业机遇的把握(Shane 2001)。

总结

族谱,作为一个路径依赖的组织演进示范,在文献中受到的关注相对较少。很少有学者研究超过两代的父母-后代关系型族谱(如 Phillips 2002,2005)。我们的研究通过探究族谱繁衍力对整个产业多代的发展产生的影响,来加深对组织演进过程的理解。

我们通过两个互相关联的过程来理解创建新公司的动态关联。第一是母体公司创建期间的初始条件(文化、社会、政治和技术层面),这些条件对族谱创建母体的特征形成有促进作用,这些特征通过族谱线延伸。印记理论为我们提供了一个框架来体现这些持续的经济、体制、社会文化的特征,并预测不同的组织历史如何塑造公司的演进轨迹并探索其背后的原因(比如,Dobrev 和 Gotsopoulos 2010;Johnson 2007;Marquis 2003;Marquis 和 Huang 2010;Stinchcombe 1965)。

　　第二个过程涉及父母－后代继承活力（Klepper 2002；Phillips 2002,2005）：通过学习和社会化以直接和照搬方式转移创业能力和其他特征。当剥离公司从创建母体演进而出，它们的"基因内容"对接下来的后代就有借鉴之处。我们的研究在 Klepper（2001）和 Phillips（2005）对继承关系的观点基础上加以扩充，并详述特征、价值观和规划的转移理念（参见 Burton 2001；Burton，Sorensen 和 Beckman 2002；Burton 和 Beckman 2007；Dencker，Gruber 和 Shah 2009）。传输规范和价值观的族谱对创业的主动性有促进作用，这类族谱倾向于随着代代相传的推移而保留其韧度。

　　后代从母体继承多少知识？这些知识包含什么内容？决定这些答案的机制也许能解释每一个族谱的潜在发展。有发展前景的创始人不仅具备与创业机遇相关的显性的和隐性的战术知识，同时也知道如何利用在母体公司工作期间所获取的相关价值体系和日常惯例（例如，Klepper 2001,2009）。如果一个族谱具有强烈的创业文化，那么它的创建母体就会通过各种方式来派生新的公司，从本质上降低了派生的障碍。如果外部条件和内部机制都支持创业，那么创建新公司就易如反掌，族谱的繁衍力也会日益增强。创建于竞争期的条件若具备韧性，就会鼓励繁衍，并沿着族谱线印记相似的价值观发展下去。这符合结构惯性论点（Hannan 和 Freeman 1984），因为创业精神是独立之路的源泉。正是通过这一路径，族谱内的后代被印记上相似的价值观。这并不意味着那种适应过程是缺失的，很可能两者的融合是印记过程的组成部分，但是族谱的路径受创建期条件的影响很深。

130

　　形成于合作体制期的一些族谱繁衍力稍逊，而且整个族谱的发展受到所有制性质的约束，比如创业者是一个商业团体的一部分（如 Telrad 或者 Elisra）。此外，若策略方向偏向于榨取型立场，那么就会导致繁衍力下降。事实上，我们发现创建于合作体制期的族谱，以及更关注知识获取而非知识创造的族谱，其繁衍力都较弱。

本书对我们理解不同时期及不同环境中多样化的族谱的塑造机制有所帮助。本书也有助于我们进一步去理解这类族谱之间的彼此依赖性的本质。我们研究的出发点是 Stinchcombe 的印记理论(1965)，这一理论主要强调创建期间社会环境给予的持续性影响。在特定环境创建的新组织会采纳那一环境中盛行的结构和价值体系，而且这些印记随着时间的推移会持续下去。我们辨识了以色列经济史上的两段显著不同的时期，及在这两个时期出现的族谱群落。第一个群落的母体公司创建于合作体制期；第二个群落的母体公司创建于竞争期。追踪这些族谱使我们得以观察他们不同的特征、繁衍力和演进路径。从我们的发现可以看出，这两个群落在各自独立的族谱线上演进，体现不同的结构特征和繁衍力。最显著的一个特例是 ECI，它创建于合作体制期。但是，由于其早期发展史上的管理层和战略变化，它的演化路径逐渐与竞争期族谱相一致。随着族谱逐年演进，两者的分界线日益模糊。

以色列是一个成分复杂的社会，是各类群体和文化的大熔炉。把各类群体融合为一个更具向心力的社会这一努力在学校中就已潜移默化展开了，尤其军队也从中扮演了重要角色。多年来，"大熔炉"是官方信念的表达，意在同化来自不同移民潮的移民。包括以色列建国前从东欧地区涌入的移民(始于 20 世纪 20 年代)，50 年代来自亚洲和非洲的移民及 90 年代来自俄罗斯的大批移民。以色列社会是不同规范和价值观的独一无二的融合体，它源于东欧的共产主义政体，亚洲和非洲的集权主义政体，及以欧洲、美国和加拿大为代表的西方民主政体。

也许有人会说以色列的高技术团体是两套价值观的融合，它们形成的独特性逐渐渗入我们所研究的族谱群落。第一套价值观出现于贯穿 19 世纪五六十年代的合作时期，表现为结合了国家建设、经济与社会的意识形态形式。在此期间，许多重要的价值观和能力被塑造成形，比如合作、责任、创造力、妥协，以及为了集体利益而牺牲个人利益的意愿。第二套价值观在过去的 35 年里不断演化，它源于西方的意识形态,包括自我觉醒、竞争和以个体目标为导向。一方面,第一套价值观体现于国家工会和工党的合作运动体制内,已被新的价值体系所取代(Yaar-Yuchtman 和 Shavit 2001)。这套新价值观的出现使以色列信息技术通信产业在 20 世纪 80 年代迎来了腾飞。另一方面,我们和诸如 Senor 和 Singer(2009)这些学者一样,认为以色列高技术产业取得巨大成功的秘诀,在于以色列社会独一无二的价值观和能力的混合体及其对合作的重视。这从一个团队内部的行为,及团队间的竞争就可见端倪。而且从宏观上审视以色列国内不同组织间的合作与全球环境下的竞争,也证明了上述观点。确切的文化融合很可能是以色列高技术产业总体上赢得成功的决定因素,尤其是信息技术通信产业。

信息技术通信产业内部的文化社会化的进程是通过下面三个显著的机制推进的:

1. 年轻的工程师。他们已经是文化大熔炉的产品,他们遍布两大族谱群落中的老企业及新企业。

2. 20 世纪 90 年代离开创建母体公司(如 Tadiran 和 Telrad)的一大批工程师。他们目前供职于年轻的创业企业。这些人具备一定的知识、能力和价值观。所有这些都是他们在合作体制意识形态启迪下的单位工作多年所获取的财富。正如第三章所示,除非能够吸收植根于族谱第二群落中的价值观和创业能力,否则他们中许多人尚未做好创业准备。

3. 由具备双重附属性的创始人建立的合资企业或共同创建的新企业,也就是说,这类创始人既附属于老族谱,也附属于新族谱。

后两个机制也许可以被认为是创业知识、趋势或能力的交叉执行。

两大族谱群落在规模与结构上存在显著的差异,说明了老族谱内的公司很难去适应充满竞争的新世界。这也就是为什么怀揣着另一套能力或价值观的嫁接型企业家看上去貌似"入侵者",但是它们最终却对族谱的发展和未来的繁荣功不可没。这种"嫁接"丰富了企业的创业价值观和能力库，并有助于将来族谱之间创业价值、技术和知识的溢出。

辨识不同的历史阶段及其对新创建企业的文化产生何种影响，能够强化不同历史环境下及不同族谱结构间的关联。对以色列高技术通信产业的出现开展的研究，聚焦于机遇结构、能力和地理（Avnimelech 2008；Breznitz 2007；Carmel 和 de Fontenay 2004；de Fontenay 和 Carmel 2001）。族谱分析法使我们得以关注产业演进的动力，同时把结构效应和社会关系关联起来。我们认为，族谱的演进对于理解新组织创建的速度和广度非常重要。而且，我们也阐述了特定族谱的社会结构如何通过利用社会关系、母体价值观印记、规划和知识的传递，来推动其后代的创建、成长和生存。

以色列高技术产业被认为是一个成功的故事。该产业也凭借其创新的、颇具冒险精神的品质及技术创造力赢得了很高的声望（Senor 和 Singer 2009）。最近发生的全球经济震荡对以色列高技术产业来说既有利也有弊。该产业已经历过阶段性的起伏，包括新建公司过程速度明显放缓、资源匮乏，以及中国和印度公司对其构成的竞争威胁等。有些学者极力讴歌所谓的"以色列经济引擎"，以色列独一无二的贡献所诠释的有形的、象征性的传奇和处于世界领先地位的技术。然而，产业总是会经历起起伏伏，也会引发新的机遇。发展迅猛期之后必定出现发展缓冲期。以色列技术创业家的创造力源泉从未干涸过，随着开发新技术、探索新市场，新的公司不断派生并茁壮成长。

本书中，我们描述了持续的历史遗产对族谱演进的影响，虽然体制环境发生了巨大的变化。我们对信息技术通信产业的演进分两个时期进行追踪。这两个时期影响了不同的、拥有不同结构特征和创业趋势的族谱的创建。我们描述了在合作体制期创建的族谱为何在派生新企业方面显示出较弱的繁衍力。相对应地，我们也展示了在 20 世纪 80

年代末,在更有利于信息技术通信产业发展的条件下创建的族谱受益于这种体制环境:刺激政策和对信息技术通信产业更强有力的支持。这一环境不仅影响了族谱的演进路径,而且影响了它们特定的结构和文化特征,并最终影响了它们派生新公司的能力。诸如系列创业、"近亲通婚式"创建等机制,从长远角度看,都使这些族谱保持相对高的繁衍率。

第六章　结论

　　新组织,尤其是新类型的组织,一般会涉及新角色,而这种新角色是需要学习如何去适应的。在老的组织中,前任的角色扮演者能手把手教继承人,不仅传授技术,而且交流做决定的标准、对与自身有关联的各种人应承担什么责任、解决冲突和缓解紧张态势的技巧、对组织的完全忠诚、按照正常流程可能会出现什么差池等。

Arthur Stinchcombe,《社会结构和组织》

　　本书采取族谱分析法追踪以色列信息技术通信产业内共 731 家公司创建的关系,并对获得的数据进行分析。从传统的角度看,该产业的发展归功于高效形成的产业集群。这一集群的基础是产业基础设施和支撑体制的共同演进,包括一种源于国防部等机构的创业文化(参见附录)。

　　从族谱的视角来分析信息技术通信产业的发展,我们对集群分析法加以扩充,以便解释产业出现和发展的动力,并聚焦产业内公司的创建过程。通过把视角转向族谱分析,我们的主要目标是通过族谱的结构和特征来理解产业的出现和演进路径。我们的方法是对解释以色列信息技术通信的活力的有效补充。

在研究族谱演进时,创建期的历史条件各不相同。本书帮助我们理解塑造多样化族谱的机制。这些族谱创建于不同的时期或处于不同的经济环境中。同时,本书也加深了我们对族谱之间彼此依赖性这一本质的理解。在任一环境中创建的新组织都会接受创建期盛行的结构和价值观,而且这些创建印记会随着时间的推移而代代相传。我们认为环境和组织内部的创建过程是一种动态行为,是基于父母-后代的关系,是族谱演进的基本构成。对于以色列信息技术通信产业来说,族谱的发展涉及:(1)创建期间的环境因素,包括政策、文化、市场和技术,这些都对产业的族谱演进轨迹产生相当大的影响;(2)创业能力的集成过程,这一过程基于以下两个要素:第一,与各自族谱的创建母体相关;第二,通过不同的派生模式代代相传的组织元素。这些互相关联的机制导致了不同族谱的出现,它们的差异性体现在繁衍力、结构和发展轨迹上。

135

在本章中,我们对主要的概念进行归纳并为未来的研究提出建议。我们对涵盖本书的主要议题进行阐述:构成族谱分析视角的主要成分——印记、遗传和繁衍力。接着,我们呈现一个简要的、概念性的族谱分析法框架,为未来的研究提供几种可行的参考意见。在总结部分,我们认为以色列信息技术通信产业的演进是由复杂的体制环境、族谱内部的进程造成的,它们对各种族谱的轨迹路径都产生影响。

印记和遗传

在本书中,我们阐释了信息技术通信产业的族谱在创建期是如何受历史条件塑造成的。不同的历史时期,为母体公司的创建提供的资源也不同。根据印记假设理论,我们认为,一旦各类族谱形成,它们就踏上了演进的轨迹道路,并不断派生新的公司。这一派生的过程从某种程度上依赖其创建母体已经固化的价值观和结构。惯性力量,如特定的价值观和意识形态、政府的政策导向、组织部署等,都会代代相传下去。我们的研究充分证明了族谱内的创建母体对派生模式、族谱繁衍力和最终的族谱结构及演进路径都会产生持续的影响。

印记活力从两方面对族谱施加影响。第一,创建期的环境对创建母体产生印记,这已被证明是影响后代派生活动的持续性因素。第二,印记过程是继承活力的基础——也就是说,父母与后代之间创业能力的转移过程是沿族谱线代代相传的。生态学家长久以来一直在研究组织通过惯性机制实现生存的趋势,这种机制产生了持久性的结构(Hannan 和 Freeman 1984)。同样情况下,新体制理论强调组织结构和做法在保留过程中的同构性和合法性(DiMaggio 和 Powell 1983;Scott 2001)。这种观点自然而然就导入了族谱分析法。

按照印记理论的观点,我们研究的族谱创建母体,各自受其所处的合作经济期或竞争经济期的影响。源于合作体制经济期的价值观(比如国家建设)主导了以色列高技术产业的发展,包括产业集群的形成过程。创建于竞争期的族谱更关注自身独特的企业家价值观,但同时也强调建国初期文化的传奇性。从以色列向竞争期转型开始,族谱的演进所处的背景是一套文化价值体系的印记过程(与合作体制期相关联),这一套价值体系与企业家价值体系库共存且与新信息技术通信产业的精神相统一(例如 Murray 2011)。

正如我们在第三章和第四章所阐述的,创建于合作体制期和竞争期的两大族谱群落,自以色列建国(1948 年)以来各自造就了国家经济的特征。ECI 族谱同时呈现出两个时期的显著特征,从概念的层面上,我们认为它是从两个时期进化而来的成果。我们认为创建于合作体制环境下的那类族谱(Telrad、Tadiran、Elisra、Orbit、MIL),因体制和政策环境在其创建时处于压倒性优势,而体现较弱的繁衍力。20 世纪 70 年代后期创建的族谱(RAD、Fibronics、Comverse)诞生时,政府的政策和活动发生了巨大的变化。此变化源于以下两大驱动力：一是新通信技术的出现；二是以色列的政治风向标向自由主义转移，及由此带来的经济重心转向私有制和更自由的市场经济。

从更宏观的角度看，伴随着全球化时代和技术创新的地位异军突起及日益普及，以色列已完全有能力在高技术产业体现强大的竞争优势。大量的研究都表明，现存的威胁、地缘政治地位及国内的资源导向政策，都促使决策者高度重视国家教育体制的发展，并努力推动技术领域的自给自足，后者主要通过推出充分支持性的刺激政策来实现（Breznitz 2007）。经过这些过程，以色列高技术产业的演进表现出与各类体制环境和两大主要体制——社会主义和资本主义——历史性的遗产相符合的特征。虽然同样是以创业能力为特征，但年轻族谱因为创建初期条件各异，比起年长的、已建成的族谱体系，具备更强的繁衍能力，派生剥离公司的数量也远超后者。

而且，信息技术通信产业的进化轨迹也受共生基础影响。源于合作体制经济期的老一辈族谱，比如 Telrad 和 Tadiran，表现出的特征与创建遗产相关联，即受国家资助、更关心员工。这些成熟的族谱，在存世的大部分时间里，都在稳定的、受保护的环境下运营（Aharoni 1976，1991；Brookfield et al. 2012；Maman 2004）。这些族谱内的公司具备一定的能力，即在充满竞争的合作体制期开拓商机。这意味着它们还是能够通过自我调节去适应竞争的市场环境的。

在年轻的族谱中，连贯的、基础面广泛的创建活动比较常见，并且能够对创建母体产生影响，这些母体作为私有化的公司依然表现活跃（比如 RAD）。请注意，附属于老一辈族谱的公司（Telrad、Tadiran 和 ECI）能够部分摒弃从祖先处继承下来的遗产。它们通过创建新公司来开发能力，或通过摆脱惯性力来摒弃这种死板性。这种惯性力往往深深植根于合作体制环境，而年轻的公司在体制层面和个体层面都努力驱使自己告别这些传统。在向自由市场经济及全球化转型的进程

137

中,体制发生变化,与技术相关的领域面临着种种机遇。这主要是通过政府提供必要的资源来实现,目的是创造一个更有活力的高技术产业。

请注意,竞争期创建的族谱的演进轨迹呈现出特定的"交叉哺育",或称为融合趋势,主要在类似 RAD 和 Telrad 的族谱中发生。这类融合涵盖所有的公司,它们的创建母体源于两大不同的族谱,由此导致了跨族谱加速创建,这主要发生在繁衍力较弱的族谱内。

138

辨识信息技术通信产业内族谱的创建母体,并追踪其各代的结构,我们可以发现几种不同的创建模式。认为这些模式基于创建的初期条件的观点,与另一些流行的观点不同,如认为组织出现、发展和陨落,是集聚(Hannan 和 Carroll 1992)、进入率(Hannan 和 Freeman 1989)或资源竞争(Baum 和 Singh 1994)的必然结果。在我们的研究中,我们勾勒出了不同的创建模式的创造活跃度,很大程度上,这种活跃度便是创建时期的环境及其自身特征,在印记过程中的一种回应。这和普通的直觉是相反的,直觉与某族谱创建母体对后代产生的相关印记的影响作用是逐步减弱的。与之相反,我们发现这类影响在特定的初期条件下不会消失,而且那类创业价值观代代相传具有连贯性。

繁衍力

以前,研究族谱的专家只在某一代的时间框架内分析父母-后代关系(比如 Phillips 2002,2005)。而我们发现代与代之间的附属关系具有一定的复杂性,而且这和繁衍力有关系。我们辨识了复杂的附属模式,它代表了不同的族谱繁衍力并由此塑造了族谱结构。因此,族谱繁衍力,就派生新公司的速度而言,也许会影响父母的"基因代码"传递给后代的程度。为此,老一辈的族谱派生新企业的倾向性较弱,在合作体制期创建的新公司较少。在受新一代族谱的影响后,才于竞争期派生了更多的公司。

　　基本的族谱创业模式认为派生新企业能力的传输体现在族谱的繁衍力上，而繁衍力反过来又影响族谱的结构和复制模式。从族谱的轨迹可以看出，繁衍力更强的族谱各代的演进速度相对更快（参见图表4.12和4.14）。各代的繁衍活力显示出对不同族谱结构的影响力，同时对族谱的网络及创建模式部署也有影响。而且，繁衍力更强的族谱，尤其是 RAD，拥有更多的系列型企业家。此外，更多的公司是以我们称之为"乱伦"的方式创建的。也就是说，创建母体和下一代的成员共同创建新企业。

　　整个信息技术通信产业的发展速度和繁衍力在竞争经济期得到了强化，不仅是通过年轻一代族谱的创建活动，而且也是跨代创建活动的结果。通过与年轻族谱的创始人联手，附属于上一辈族谱的创始人重新部署并再度激发了创建过程的活力。这一过程发生在竞争期，紧跟着上一辈族谱中现存企业的创建停滞期。为此，我们的族谱分析模式对之前的剥离及印记理论提出挑战，并对创建过程的暂时性的空白给出阐释。我们发现族谱演进的不同机制使孵化公司的雇员得以摆脱过去的惯性力。族谱演进的模式不仅植根于祖先创建的初期条件，而且依赖创业能力的传输。在此基础上，我们证明了所研究族谱的变异是如何出现并影响整个信息技术通信产业的。

139

族谱演进的本质

　　围绕剥离过程的各类研究都表明创建者的先期经验对于创业决定起了塑造作用（Klepper 2009）。有些学者强调父母与后代继承的本质（Phillips 2002，2005）；另外一些学者则聚焦传输的内容是什么（Baron和 Hannan；Burton 2001）。我们的族谱分析法认为以色列高技术产业的族谱演进呈现极大的变异性，体现为不同的繁衍速度——也就是说，孵化公司在族谱内或族谱之间派生新企业的能力。这些变异源于创建期间的初期条件和大事件,同时,族谱祖先的创建史与它们的继承能力,沿着代际线影响到孵化公司和后代。印记理论的研究已经证明了不同的创建环境会导致族谱结构和做法的变异(Tucker、Singh 和 Meinhardt 1990)。但是印记理论只能部分讲清族谱的演进过程,因为它没有考虑到族谱内部的遗传程序(Johnson 2007)。我们的方法认为沿族谱线延伸的遗传过程传输的是从环境印记而来的元素(比如规则、政策、信仰和规范),并体现在父母-后代关系的做法、惯例、价值观或创业能力上。反过来,正如我们所指出的,派生新公司的能力及程度(繁衍力)会代代相传并最终塑造整个族谱,乃至整个产业的发展轨迹。

140

本书一开篇就聚焦以色列信息技术通信产业内各族谱祖先的起源和代际间的演进。每一个都代表了不同的复制过程,并最终由不同族谱间存在的差异性衍生出不同的繁衍速度。而且,一个族谱的祖先起源和遗传过程影响未来族谱创造的本质。在本书中,我们认为族谱的创建环境作为一种机制,在族谱之间引入了差异性。而反过来,就导致创造新公司的不同派生模式。因此,变异性反映的进化过程源于大事记和创建事件所处的历史环境,变异性影响了不同的变量和模式,最终形成显著多样性的组织机构群,占领了信息通信技术的利基市场。(如,Aldrich 和 Ruef 2006;Hannan 和 Freeman 1977,1984,1989)。此外,这种差异性还来源于个体的族谱。在族谱内同一代线上的公司派生后代,这个后代与之相比,或像或不像,或强或不强。族谱的繁衍力及其特定主角的焦点性(例如系列企业家或"近亲通婚式"关系),对新企业转移创业能力的可能性会产生直接影响。

因此,从赋予以色列信息技术通信产业特征的族谱演进过程可以看出,在不同的历史阶段塑造的族谱变异性会呈现不同的新公司创建可能性。族谱轨迹的变化,尤其是族谱繁衍力和结构的变化,会导致信息技术通信产业的不平衡发展。比如,在老一辈族谱的身上,历史遗产和遗传模式会导致对创新环境的适应性差,并最终导致较低的繁衍速度。在这一方面，新族谱的情况正好相反。

　　但是沿着族谱发展的轨迹，族谱倾向于融合；发展到后来，变异和融合都会对更宏观的实体，即以色列信息技术通信产业的繁衍力起到促进作用。因此，我们的主要观点是：每个族谱的创建背景、特定的遗传本质和亲和力会导致不同的演进路径，这是受族谱内部或与外部活力和彼此关系塑造。后者发挥了创业"基因池"的源头功能。不同系谱之间的"杂交"增强了总体的繁衍力。因此，源于两个不同族谱的公司对每一个族谱，乃至最终的整个信息技术通信产业所创建新公司的数量增长有推动作用。这些反过来又影响信息技术通信产业的发展。变异和融合族谱的异质性，它在不同的环境体现不同的筛选和调节机制。这一异质性是族谱韧性的关键原因，而且它最终塑造了以色列信息技术通信产业的生存，并凭借自身极具竞争力的优势在全球市场赢得了巨大的成功。

141

未来的研究

　　我们的研究框架是假设日常惯例和价值观是沿着族谱线代代相传的，但是我们并没有衡量究竟被传输的是什么。在长期研究新组织形式出现的过程中，很难觅到这类资料。未来的研究应该聚焦：哪些情形下能辨识到更多的族谱？沿族谱线传输的内容可从哪种维度来衡量？同时，经过几代之后（尤其在类似以色列的小国家），族谱逐渐形成。也就是说，两个或更多族谱的成员共同创建新企业。一方面，这一现象可能会模糊族谱间的界限；另一方面，它可能提供更清晰的信息供我们了解族谱真正的创业本质。我们建议对产业演进的深入研究应该尤其关注族谱之间的关系，及族谱中更具创业特质的成员是否成功影响到那些创业特质不那么明显的成员。而且如果产生影响的话，又是如何做到的呢？我们的初步发现表明，只有当创始人在一个创业型族谱中待过几年、吸收了日常惯例并接受了这种文化,这种影响力才有可能发生。这类沿族谱线的转化本质对族谱研究而言是很有前景的指向。

总结

以色列高技术产业是公认的成功典范,并且凭借其创新和创业精神、技术创造力赢得了广泛赞誉(Senor 和 Singer 2009)。然而,近期的全球经济震荡使得该产业的未来发展喜忧参半。

在本书中,我们详述了虽然体制环境发生了极大的变化,但是以色列高技术产业族谱演进的历史遗产具有持续的影响力。我们把这种演进归功于两大时期,它们影响了不同族谱的创建并赋予族谱不同的结构特征和创业趋势性。我们解释了创建于合作体制期的族谱是如何影响其后代的,这些后代呈现显著的派生繁衍力,并对创业趋势发展构成了阻碍。而且,它们没有对产业发展或创新活力做出太大的贡献。相比之下,在更有利于高技术发展的条件下,即 20 世纪 80 年代末期,族谱的创建得益于竞争体制环境。在这一环境下,刺激性政策和发达的集群部署都对该产业给予了大力支持。这一环境不仅对族谱演进轨迹产生影响,而且对族谱特定的结构和文化特征,及最终派生新公司的能力都带来影响。诸如系列创业及"近亲通婚"式创建等机制都会导致相对高的繁衍率。

在研究初期,我们采访了 Zvi,他是一家被称为"无线宽带先锋"公司的 CEO。在谈到他所在公司及信息技术通信产业的竞争优势时,Zvi 这样评价:

> 我们把业务外包给位于罗马尼亚、中国和印度的公司。虽然我们转移(出)编程工种和知识,(但是)那并不是太重要。在这里

（以色列），我们除了技术知识，还有对成功的渴望、全民创业的倾向性，这些都是辨识机遇并付诸行动的专业技能——（这些才是）创造新企业所必需的元素。一旦我们把这些转移给了其他人，那么我们作为一个领先的高技术产业国家就会逐步丧失竞争优势了。（2008 年，访谈摘录）

　　Zvi 的第一份工作是在 Tadiran，然后转入 RAD 的一家创业企业，他在那时才创建了自己的企业。无怪乎他对以色列潜移默化转移给潜在竞争对手的创业倾向表现出很深的担忧。本书把以色列高技术产业的繁衍力归功于其历史和特征，正是它们对创业知识进行了频繁的固化和培养。正如 Zvi 回忆道："……高技术是发展的火车头，因为创建公司的艺术基本就在于分享知识和希望。"

　　Zvi 的评语对我们理解以色列高技术产业的历史有何暗示呢？与我们采取的族谱分析法的视角相一致，我们发现知识和创业趋势沿族谱线延伸更远。受以色列历史遗产和自给自足驱动力影响的强大族谱内网及外网的发展是与创业能力相关的，这种能力通过产业独有的族谱布局而产生。

附录：以色列高技术产业的历史

我们发现往往存在一种典型现象，你对此也许也非常熟悉：首先我们萌发了许多许多的想法，这些想法经历了创业阶段；然后它们进入初期发展阶段；接着它们被购买；最后那些公司搬去了国外。这是一种持续不断的自然过程。对此我们完全理解。但是我们希望政府能够通过提供激励举措来把更多的公司留在以色列。

本杰明·内塔尼亚胡，以色列总理，

在 2010 年 6 月高技术产业联合会年会上的发言摘要

这一附录对以色列高技术产业进行了全面回顾：阐明了其历史演进的主要理论，围绕其历史演进的政策形成，及其获得成功的社会经济因素。我们的目标是提供一个整体的概念性框架来解释产业出现及成功的动态性。这种演进受目标政策（提供创新激励）和以色列历史、社会发展之间相互作用的影响。我们认为以色列高技术产业获得成功的驱动力包括：政策背后的战略和结构，促进创新和研发的宗旨，并为具有先锋精神的高技术企业家提供成长的土壤。而且，以色列特殊的历史及地缘政治环境，迫使建国者们充分利用并塑造产业政策，来实现建设国家的目标。这一目标已超越效率和市场占据更重要的位置。

理论导向

要回顾以色列产业演进的历史，我们需要秉持理论性的、分析性的视角，并考虑一整套复杂的因素，包括转型期间体制的各个方面：社会、经济和政治。在印度、中国、中国台湾、爱尔兰和以色列等国家和地区，高技术产业扮演的角色十分重要：它创造了一个广泛的、分析性的框架（Breznitz 2007；Saxenian 2006）。以政府的优惠政策为例，如中国的高技术产业园，就是特意为归国人员度身定制的。这些产业园吸引了一批创业者们，他们富有经验，而且善于抓住这些政策所创造的机遇。除了政府的直接支持，中国的创业者们也极好利用了全球化带来的各种机遇。以色列高技术产业的演进路径自成一格：它的历史和社会发展与全球的技术发展趋势同步，如 20 世纪 80 年代出现的信息技术通信产业。随后，我们探究以色列高技术演进所处的特定历史环境，不断适应和竞争的过程，所有这些因素都对其发展有塑造作用。我们认为，以色列高技术集群的出现具备"路径依赖"本质，再加上体制和文化因素的辅助，都使该集群能更好适应环境变化。这种整合使我们得以在历史和文化的大环境下引入族谱分析法。

146

国家干预和集群形成

以色列高技术产业的出现与一系列社会变化相一致——尤其是以色列经济和政治体制的转型：从社会主义的、干涉主义的转型为私有化的、以市场为导向的政体（Aharoni 1976，1991）。在历史的长河中，这些趋势对资本市场的自由化、大型国有银行和企业的大规模性的私有化起到了推波助澜的作用。这一自由化带来的最显著结果就是：以色列的经济向全球的企业张开了怀抱，后者最终引发了 20 世纪 90 年代技术型的、知识密集型产业的崛起，及劳动密集型产业的衰败。20

世纪80和90年代，以色列高技术产业呈现蓬勃发展的态势，这得益于当时的政策和社会环境。此外，特殊的机制也为新兴高技术企业创设了独一无二的创建模式。

大量的研究都聚焦以色列高技术产业整体的出现，尤其是信息技术通信、软件和因特网领域，都从描述一个社会政治条件的"集群"着手。集群理论把某一产业领域的发展归功于特定的场所具备的环境和空间构象(Piore and Sabel 1984；Porter 1998)。在一个著名的研究中，Saxenian(1994)表示加利福尼亚州硅谷和马萨诸塞州128公路的不同演进过程可以从区域差异角度来考察，包括合作和竞争、公司规模、商业结构对创新和生产构成的影响、网络的多样性、与各类组织和机构(如研究型大学)的纵向及横向的联系。

随着研究的不断深入，人们认为集群的形成起源于以色列建国初期阶段(以色列建国于1948年)，当时面临的当务之急是国家安全和国家建设，而这些目标就对产业和经济政策起着引导作用。这些政策旨在让产业直接服务于新成立的国家的发展建设(Levi-Faur 2001)。Aharoni(1991)认为在最初的形成阶段，政府干预和严格的规章是国家经济政策的奠基石。因此，政府干预和引导对塑造产业发展的几乎任何方面都极具影响力，包括产业结构、所有制模式、创业模式及政府激励层次。政府的高干涉度和建设国家的强烈使命感共同构成了以色列建国初期的特征，塑造了国家高技术产业的领域广度。

以色列高技术的巨大成功吸引了学术界及非学术界的各类观察员，他们纷纷试图挖掘其迅速成长为全球业界领袖的主要因素。最广为接受的观点是把产业的成功与众多资源进行联系：资源匮乏的、新建立的国家必需依靠现代工业作为其经济基础(这导致了创新的政府政策出台)；以色列技术和科学高等研究院校的相对强势；军队的技术和创业遗产；接纳具备技术能力的移民，主要来自俄罗斯；从美国归国的创业者们，他们最终在以色列创建了技术研发中心；现代基础设施便捷；支持冒险、创新和企业家精神的"国家文化"（参阅，比如 Senor and Singer 2009）。

此外，研究以色列高技术集群的学者（比如 Breznitz 2007；de Fontenay and Carmel 2001；Avnimelech and Teubal 2004）长久以来一直坚信以色列高技术产业的强大竞争力来源于人力资本和目标激励政策的融合。正是这一融合与特定的历史环境相一致，助力集群探索无限的创新潜能。比如，主要的集群效应与下列方面有关：

*强大的网络关系。*包括人际网络和专业网络。人际网络来源于诸如军队或大学、外派人员、社会的或家庭的关系。而专业网络包括各种维系高技术产业的服务行业，如人力资源领域的供应商、中介、法律、财务等。

*生机勃勃的风投产业。*以色列的风投产业拥有约 70 个表现活跃的风投基金，其中 14 个国际型基金归属以色列政府。在 2000 至 2009 年间，4374 个以色列高技术公司筹资总额高达 166 亿美金。[1]

*专业机制和政策体制。*在工业、贸易和劳工部下属的首席科学家办公室（OCS）的指导下，各级各类围绕产业研发和支持创业的政策相继出台。目前，首席科学家办公室每年运营的预算为 3 亿美金（2009），投放于 500 家公司的约 1 000 个项目上。它的主要项目（研发基金）为那些以色列公司提供有条件的、最高占获批的支出资金 50％的支持。如果项目取得商业成功，这些公司就有责任以权利金支付方式返还这笔资金。首席科学家办公室推行的政策工具还包括形形色色的专业性的项目，这些项目旨在通过与资金和基础设施相关的激励举措来增强创业者和投资者的竞争力。

*与主要需求资源的联系，并及时融入高技术产业的技术全球化。*就市场、资本、信息和商业关系而言，以色列的高技术产业与美国关系密切。体现这一关联的有力佐证就是以色列高技术公司的并购范围之广。在 2000 至 2009 年间，以色列市场共发生了 673 次并购，总价高达

437 亿美金。[2]

148　　　　　人力和社会资本。这方面指具备高级技术资质的、与工程和科学领域相关的劳动力，包括受过培训的管理人员及系列创业家们。而且，在科学和技术领域，以色列的学术研究机构与以色列高技术产业关系十分密切。

创业文化。这一点鼓励着创新和创建新企业。而且，创造力、临场发挥力、快速反应力，在以色列高技术的公司文化中似乎都相当普遍（Senor and Singer 2009）。

对于理解集群的形成过程，也许最好视其为全国上下共同朝着产业发展而努力，同时也获取广泛的研究机构的支持。人们认为，学术机构和部队中盛行的、高效的研发工作是技术创新的主要杠杆（Breznitz 2005a）。相应的，一个富有活力的、具有高度创新精神的、拥有巨大发展潜能及全球触角的信息和通信部门的出现为以色列的高技术提供了独一无二的机遇。由此，以色列的高技术产业在 20 世纪 90 年代达到了巅峰[3]。在全球范围内兴起的信息技术通信市场对以色列的技术提出了更高的需求，因此为以色列注入了大量的外国资本和风投资金。由此，以色列吸引了主要技术强国来获取以色列的技术、公司并建立研发中心。

Breznitz（2002, 2005a, 2005b, 2006, 2007）对以色列信息技术通信领域的历史发展进行分析，揭示了政府的研发政策过度强调创新的扩散效应，而代价就是基础设施的建设能力。这些政策旨在进一步推动大学和部队内已经过盛的研发技能。国家主导的能力扩散政策则怂恿更多人力物力投入民用工业的研发领域。此外，这一扩散政策力图扩大触角，提供全球统一的激励标准来鼓励各类研发活动。而这类活动虽能带来竞争力优势，却未必一定能够识别特定的技术或产业热点。政府启动主要的横向政策，概括来说本质是围绕市场、产品或技术。这在产业还未发展成熟前是有效的，因为必需对产业加以巩固和具体化。横向政策欢迎自下而上的创新。只要创业者满足一定的条件，他们就能选择想要工作的领域。这些政策——对任何领域的任何公司都开放，对任何产品线及技术的所有项目都欢迎——支持所有以市场为导向的研发支持项目和自下而上的创新创业活动。这些政策的构建有助于集体学习活动，同时也有助于激励和推动技术创新（Avnimelech and Teubal 2008）。这些政策有三大目标。第一，在整个商业领域引发并扩散研发/创新能力；第二，推动技术创新；第三，通过替代性的创新领域经验，辨识并"选择"那些具备可持续发展、有竞争潜力的对象。

以色列信息技术通信领域演进的历史轨迹反映出竞争优势和本土外部效应的程度——既有直接的，如公司间的合作；也有间接的，如投入和基础设施的获取——是 20 世纪 90 年代该领域得以快速发展的主要驱动力（参阅 Bresnahan，Gambardella，and Saxenian 2001）。Bresnahan 及其同事（2001）对几个不同地区的高技术新集群的出现进行研究，包括爱尔兰、印度、以色列和中国台湾。他们发现，高技术产业的出现要想获得成功，必须具备一些关键的、必需的因素。第一个因素是与相当规模的需求有关联。就拿以色列为例，即指美国市场和风投产业。第二个因素是具备技术能力的劳动力。以色列对教育和军事给予大笔投入，劳动力由此发展自身能力；同时，接受过一定教育的移民大量涌入也是一股生力军。第三个因素涉及公司建设和市场建设能力，以色列政府制定相应政策、推行诸如技术孵化器等项目都是强化该能力的举措。

同时，de Fontenay 和 Carmel（2001）认为集群的技术机遇、公司能力、接受过教育的劳动力、有创业经验的创业者的流动等[4]体现在：

> 首先，传统的相对优势力量逐渐把各类活动吸引至某个区域，同时每个新创建的公司都对集群效应做出贡献，（而且）第二，工作

中存在一些外生的主要力量，包括因特网腾飞，它很大程度上导致
了新公司数量的激增，同时强化了某个类型的集群效应。（p31）

然而，我们在回顾中发现，就创新产品而言，以色列的新技术对现
存的信息技术通信发挥了重要的补充作用。互补技术，加上与美国市
场的密切关系（还有与欧洲和亚洲的关系，虽然不如与美国的那么紧
密），使以色列的信息技术通信领域得以探究自身的竞争优势。这些优
势源于以创新为导向的产业政策的同步演进；技术风投产业的、新的全
球机遇的出现及高技术能力和网络维系能力。尤其值得一提的是，信
息技术通信领域的独一无二的集聚能力和过程与以色列人力资本的本
质密切相关（Carmel and de Fontenay 2004）。大量的接受过教育的、
具备高级技能的信息技术通信专业人才来自各种源头：以色列国内研
究型大学的技术和科学学院；前苏联的移民；军队技术和研发单位的毕
业生及外派人员。与这批人力和社会资本储备库相关的经济、社会和
政策的发展过程使信息技术通信领域得以充分利用之前未被开发的技
术和市场机遇。例如，政府推出的技术孵化器项目从体制上给予了广
泛的支持，包括资金、基础设施、商业关系，并为那些计划自己创业的俄
罗斯移民提供培训课程（Carmel and de Fontenay 2004；Yerushalmi
2002）。

国防遗产和军队的角色

创业企业为以色列的高技术产业注入了很多创新元素。人们把以
色列的创业产业描述为有适应力、极具创意（比如 Senor and Singer
2009），而且时刻准备着挖掘具备高级技能的科学家和工程师队伍。该
产业得益于良好的基础设施，从形式上体现在有利的政策和可获取的
资助。无论是大众，还是专家们，都致力于探讨创业企业的起源，及其
对以色列高技术所谓的"奇迹"所施加的影响。凯撒里亚论坛（2009,9）

把推动产业发展的几大主要因素归纳如下：高度发展的科技风气；卓越的高等教育体制；充足的人力资本；高度发展的国防研发体制，它对创造知识基础及培训有技能的劳动力发挥重要作用；有创新精神的政府决策；高效率的风投产业；成熟的全球信息技术通信市场；企业家精神。因此，创新的研发和技术发展也和国家安全问题产生关联，并由此与以色列的体制环境联系在了一起；以色列的国民及军队机构为创新和创业提供了激励举措。

Senor 和 Singer(2009)认为创新型的创业企业的大量涌现（自 20世纪 90 年代初以来数量已超过 6 000 家）可从国家建设的文化及历史加以阐释。他们认为这种现象既体现出应对社会和经济发展时的生存需要，也反映出企业家们的远见卓识。他们特别强调以色列的军队遗产是高技术产业发展的关键驱动力（参阅 Breznitz 2007)。这种遗产的典型代表是 Gil Shwed。他在退役后，凭借自身在部队中积累的经验，发明了"防火墙"（*firewall*），并联手同一部队的战友创建了Checkpoint。它是以色列最成功的软件公司，在全球也声名显赫。Shwed 和一批像他那样的人——富有探险精神的、有见识的创业家——共同书写了产业内许多的成功故事。这些创业者通常在军队的精英情报技术部门工作过，而这些部门物色的都是年轻聪明的高校毕业生（以色列规定参军年龄是 18 岁以上）。这些部门勇于尝试、强化责任意识，而且使用一流的技术。所以它们既是技术创新的温床，也是以色列独特组织文化的孕育土壤。Avi，一个曾在类似部门服役过且多次创业的企业家，这样说：

> 在 8200(一个以色列国防情报部门），大家都鼓励你去尝试，跳出固定思维习惯，善于批判，提出一些让人觉得棘手的问题，并且想出最富创意的回答。和你共事的是最优秀的人才，大家齐心协力为完成既定目标不懈努力。所以一旦当你有了一个技术上的

点子,而且值得为此创业时,你已经拥有了一批朋友,他们都愿意
追随你,而且他们都是最棒的。(访谈,2007)

最终,源于以色列军工业综合体——比如,Rafael(军事发展局)和
IAI(以色列飞行工业)——的产品和技术成为该国实力强劲的军工业
出口产品。尤其值得一提的是,在 IDF(以色列国防军)专业化的技术
部门,最知名的是 MAMRAM,即中央信息技术中心,还有更鲜为人知
的 8200(参阅 Honig,Lerner,and Raban 2006)。许多技术转化来自这
些部门,大量创业者也是这些部门的退役兵。正是他们创建了以色列
一批最成功的信息技术公司,包括 Checkpoint、RAD、Gilat 和 Nice。

技术创新的基础设施植根于军队的招募和组织惯例中。军队首先
物色那些最聪明、最有天赋的青年才俊,把他们安排在几个重要部门。
在那些部门,这些年轻人接受科学、工程方面的强化培训,并最终成长
为国家的技术精英。甚至在服役期满之后,这批精英往往还留在原单
位。不过一旦他们选择离开,他们就成为极具价值的劳动力资源:具
备高级技能、有创新意识且通晓一流的技术。这个人力资本库在塑造
如今的高技术产业中扮演了重要角色,原因如下:首先,以色列军队处
于高技术发展的前沿,特别是无线通信、网络、数据安全和密码方面。
私有的产业能够变现这种创新,并在这些领域成为龙头老大。除了密
码领域,军队并不限制那些退役后的军官和士兵在原先的技术专业继
续工作。例如,电光学于 20 世纪 60 年代率先由军队的研发部门推出,
随后派生了一批私有机构。截至 20 世纪 90 年代,约有 150 家以色列
公司专攻这一领域(de Fontenay and Carmel 2001)。

其次,在部队的经历也带来功能上的益处。虽然军队是一个庞大
的组织,但是不同的部门会独立运作,因此新兵都在由此营造的中小规
模实体内运作,这就很像他们今后创建的或工作的组织。在军队特殊
部门任职的军官不仅为今后的企业和创业活动发展所需技术技能;同

时，他们在年纪轻轻时就被委以重任，并不断培养管理所在部门的能力。这些士兵习惯于长时间工作，对问题快速做出反应，以创造性的思维处理问题，思路灵活，而且在需要时能够即兴发挥。他们知道自己必须找到解决方案，必须不惜一切代价来完成任务。他们能够开拓思路，考虑整体的策略和任务，而不是目光狭隘地仅盯着具体任务。他们能够在等级鲜明的组织内工作，同时有能力通过非正式的沟通方式来表明自己的意见。此外，他们也能够充分发挥之前的领导力，在当下的团队中协调各个团员一起共事。

最后，新兵在服役期间掌握了社交技能、积累了社会资本。实际上，正是以色列军队的强制性服役机制——尤其是一些特定的技术部门——才引发了创新型的创业企业（Senor and Singer 2009）。不过，除了之前讨论的个体技能，服役为未来的创业者提供了"社会的"投入。首先，新兵拓展了人际关系网，它不仅提供资源和信息，而且网络中的各成员就像家人或虔诚的信徒一样彼此关联，一辈子都对彼此有义务。这些关系网中的成员完全信任彼此、持有相似的价值观，并且认为彼此的关系就是互相帮助的强有力纽带。

许多军队技术部门的毕业生都意识到了这种社交带来的各种益处，包括指定职权、鼓励自治、试验和发散式的创新思考来赋予成员权力。一位创业者，同时也是著名的 8200 技术情报部门的毕业生，这样解释道：

> 我在军队最著名的技术部门服役 15 年。我的战略和管理逻辑在服役面前黯然失色。部队的环境很安全，资源充足。你想要的资源和最棒的人才都唾手可得。在 20 岁时，你就发现自己在独立运营一个庞大的、未知的投机项目。你根本意识不到风险或不确定性。人们只是鼓励你放手去试验——没有外部或内部给你压力。是你自己认为有必要去这样做，有动力去这样做，而且你的周

围都是最优秀的人才，他们都在这样做。军队的体制对失败是完
全包容的。在我服役的年代，不需要承担任何有关金钱或工作计
划的责任。最关键的是要获得成功这一驱动力、与最优秀的同事
竞争、为个人荣誉而努力的自豪感。你的价值体现在你成功与否。
所以我年轻时晋升速度就很快，并因此赢得了最具挑战性的高端
技术项目。（访谈，2005）

这种责任和创造力的文化鼓励许多新企业的创业者在原先工作的
单位物色合作伙伴和下属员工。我们采访过一位成功的创业者，他的
创业企业以3亿美金的高价被一家大型跨国企业收购。他解释了为什
么在公司发展早期阶段，他主要从原先工作的军队部门招人：

我下意识地决定公司的第一批员工要从我自己的军队部门中
去招——我认识这些人，而他们也了解我。我可以完全信任他们，
而且通过在"部门"并肩作战的经历，我确信他们能胜任这份工作。
所以，我们雇用的每位员工都来源于这个"部门"，不管他的专业知
识如何。我们并没有界定角色或搭建某种组织文化。我们也没有
下命令式地推进工作；我们对手头有什么任务毫无头绪，也不知道
该采取何种组织结构来支持他们。我们就指望大家。经过这些
年，我们完全了解彼此。我们知道他们会如何应对压力。来自"部
门"的员工不仅极富才华，而且学习速度快，能掌握各项技术，十分
忠诚。他们考虑的只有生产和效率。在创业阶段凭借这样的团
队，你根本不需要正式的结构。（访谈，2007）

那些毕业于军队精英技术部门的创业者们不完全依靠自身秉持的
"挑战和毅力"文化，这种文化的特征是自主性地、有创造性地完成任
务。他们还借助原先的工作习惯和制定蓝图的做法。和标准的"照本

宣科"的军队模式——阶层高度鲜明、结构由一条严格服从链条界定——截然不同，这些部门的自由度相当高，结构十分松散。我们所采访的创业者之一是 8200 的毕业生，他描述了这种组织特色如何应用在私人机构上：

> 在公司内，我们推行军队模式。对于如何做事，没有结构分明的方式方法。虽然公司由三个工作组构成——硬件和合成组，软件组，以及元件组——我们彼此都是互相依赖的，彼此联系紧密。我们作为创业者承担运营的角色，在遇到瓶颈时积极想办法解决。牵涉到与发展和市场相关的战略决策时，首先由创业者处理，然后再提交到管理层。重要的任务被分配给最有能力的人，不管他们的管理身份如何。而且，最重要的是，就像在"部门"一样，我们作为创业者推行开门办公政策，花大量时间和编程人员一起讨论，一起解决即使是很小的问题。（访谈，2007）

简单来看，这些特殊的军队部门的遗产在于令人叹为观止的人才库。这是这一智库赋予创业者和企业家去建立创业企业的主要动力。为了军用目的而开发的技术很容易就转化到民用和商业用途，并创造大量的机遇。而且，由于在这些部门服役往往涉及一定的战略和辨识轨迹，所以这就成为持续筛选过程的温床，在这个环境中招募的新兵很可能就成为以色列创业舞台上的重要主角。

153

网络

以色列高技术产业高度依赖强大的、紧密的社交网络，它对于尚处于萌芽阶段的公司能否调用所需要的关键资源至关重要（Aldrich, Rosen, and Woodward 1987；Hite and Hesterly 2001；Saxenian 2002）。网络关系也许有助于解释机遇结构、社会及文化资本的广度和深度

（Hoang and Antoncic 2003）。在对以色列软件公司的企业社会资本进行分析时，我们采取了网络中心性和凝聚性量度法——网络位置和地理远近度——提供了企业社会资本的双重收益。第一个收益是认可度，第二个收益是全球联系力。Gabbay 和同事（2001）还证明，以色列高技术产业的关键角色实际上是以色列软件公司和全球资本及外部市场的联系代理商。他们扮演的角色是在具有高度不确定的市场中识别那些值得投资和提供技术解决方案的其他公司，并根据"新经济"准则进行运营。因此在中心圈内的关键位置提供了企业的社会资本。通过这种方式，集群为新企业的创建和运营提供大量所需要的可利用资源及服务，以色列的信息技术通信企业家们由此受益。

以色列创业网络的特征——它们的关系和结构组成，内容，以及强势——都影响了信息技术通信领域的出现和成果。例如，现存的关系植根程度也许会影响新企业以多快的速度被创建起来，比如一批成功的企业派生后代的效率。正如我们之前所提到的（第四章和第五章），以色列高技术产业的创业者们都明显倾向于雇用在原军队部门共事过的人员，把他们招入公司的管理或技术团队。这有助于涉及跨国关系时，彼此都具有高度信任度（cf. Breznitz 2007）。在诸如军队和大学内发展起来的杠杆关系有助于获得具备技能的专家及资本，包括与关键人物，如供应商和客户建立起关系。因此，通过他们彼此紧密的网络，以色列创业者得以扩大他们的社会和商业关系的信用基础（Lorenzoni and Lipparini 1999；Saxenian 2006）。而这些关系网络为他们提供关键的信息和建议（Hoang and Antoncic 2003）。他们所处关系网的声望还能为他们贴上正统性的标签（Shane and Cable 2002；Stuart, Hoang, and Hybels 1999）。

以色列的高技术网络由本土和海外关系共同构成。伴随着移民现象，移民目的地的网络提供了最初的联系，它以感情和信任的形式带来社会资本。这强化了商业可能性和跨国的伙伴关系，同时降低了源于

全球市场复杂性和不可预见性所带来的风险和不确定性。例如，所谓
的"竹林网络"指结构松散的中国跨国企业，这反映出儒家价值体系，即
亲属关系。它强调统一、合作、和谐和信任，并为某个特定的网络成员
创建彼此的网络支持提供便利（Fukuyama 1996；Weidenbaum and
Hughes 1996）。相类似地，以色列的创业者们利用自身的关系网，为
创建自己的企业寻求经济上的机遇和资源。我们采访的许多创业者都
强调了他们关系网的广度和深度。这种关系网一般都超越了国家的界
限，跨越各种不同的社会领域。一位高技术公司的创业者为我们描绘
的场景就是一个很典型的例子：

> 在我创业初期，许多战友都给予了我帮助。接着，来自目前我
> 工作公司的一位同事成为风险投资公司的伙伴。首席技术长官
> （CTO）加入这家公司的原因在于他是我一个朋友的朋友——也
> 来自军队。我认识以色列最大的电子公司的 CEO；他是我父亲的
> 一个远亲。而他则认识一位从美国进入以色列的移民，他的人脉
> 很广。他曾经在美国的一家镭射公司工作，是他们在以色列的代
> 表。我对他印象很深刻。我能够按照以色列的薪水标准雇用他，
> 而他作为一个美国人也能够在美国工作。（访谈，2008）

紧密的关系网——虽然提供可利用的信息、资源和劳动力——却
被认为未必是一直有益的，有时候也会为成功带来负担。因此，尽管社
会关系网扮演支持性的角色，从社会的层面看也有其"阴暗面"——也
就是说，倾向于忽略效率或其他重要因素而亲睐招聘近亲、任人唯亲或
徇私舞弊。一位创业者对这种现象解释如下：

> 我从"部门"（8200）招聘人员时，我的长官们埋怨我就像一个
> "花衣魔笛手"，员工都追随我，而他们则失去了大家的拥护。形势

最后发展到我没有被叫去服预备役。不过随着公司的壮大，我需
要其他的员工，需要更有商业头脑的人，而不是一帮技术狂热份
子。于是，我不得不解雇许多来自"部门"的战友。在企业初创期
他们体现出的相对优势到公司规模壮大、日趋成熟后转而变成了
一种负担。（访谈，2007）

高技术产业出现的演进视角

形形色色的研究通过采取一种演进的视角已经回顾了以色列高技
术产业的出现和发展，力求理解导致这一独特发展的政策。这一视角
的主要论调主张，初期的组织和机制模式遵循某条路径，而这条路径在
后期被证实是对产业有利的。

产业生命周期模式

围绕以色列信息技术通信领域，一股具有影响力的研究流派主要
关注的是政策过程和它的经济决定因素。在这种情况下，Avnimelech
和 Teubal 及其同事（Avnimelech 2008；Avnimelech and Teubal
2003a，2006，2008；Justman and Teubal 1996；Teubal and Anderson
2000；Teubal 1993，1997，2002）已经开发出一个整合型演进生命周期
政策模型和体制方法。这种方法认为以色列的高技术产业几乎植根于
创新—重组的各个阶段。这些阶段体现出政策的连续性，即预测以知
识为本所进行的重组对特定路径有依赖，而这一依赖性和本土的外部
影响力共同演进。

Avnimelech(2008)、Avnimelech and Teubal(2006)对以色列信息
技术通信集群的发展开展研究，并在此基础上归纳出一种五阶段式的
集群发展模式。背景阶段开始于高技术活动的出现；在这个阶段，各类
代理商纷纷尝试各种可能性，并在此过程中逐渐积累起能力和其他相

155

关的资源。*出现前阶段*，背景条件创设的显著部分，开始于创业公司的出现，紧接着在这个分类里出现广泛的变异。积累和创业相关的经验有助于*筛选*和创业相关的特征。这个阶段涉及集群内广范围的结构变化，包括创建新的组织创业形式、新技术能力、明晰的技术焦点及朝着创业接受度日益扩大的文化的变化。相应地，这一过程为下一阶段不断累积的发展过程创造了先决条件。在*出现阶段*，风投产业出现，同时创业密集型集群发展迅猛。紧随出现阶段之后的一般是*重组过程*，目的是实现成熟化。最后，这个集群是否有能力在知识、代理商类型、关系网和新技术来源等方面维持高度的多样性，决定了它进入*更新过程*的几率——也就是说，避免固步自封和走下坡路。

从产业的生命周期来看，变化的过程是通过预先设定的先后阶段依次指引产业逐步演进。一旦创业启动，产业就立刻经历发展和收获并向灭绝逐渐演进，这是特定的先后发生的事件和生成机制的产物。例如，创新生命周期理论（Abernathy and Utterback 1978）把产业演进的过程界定为三个阶段，这些阶段都和产业创新、市场结构和竞争一一对应。在初期（液体）阶段，密集的产品革新引发设计和技术凸显多样化的特征。同时，为顺应不断涌现的机遇，加上准入门槛很低，专业性较强的竞争者迅速进入市场。在中期（发展）阶段，占主导地位的设计出现，因此产业逐渐通过输出和过程革新得以发展。伴随着产品不断向精细化发展，竞争者的数量呈现下滑趋势。最后，在成熟阶段，产品创新呈现渐进式发展，过程创新带来成本减少。Avnimelech 和 Teubal在大量的研究中都运用生命周期理论。通过以色列这一案例，我们可以看出一种独特的创业集群模式。在各个阶段共同演进，可以通过变异、筛选和保留的过程对这一模式加以诠释（比如，Aldrich and Ruef 2006）。产业的演进代表了一种积累的过程，即依赖路径。路径依赖理论认为关键人物的战略性决策决定了新产业演进的本质，包括产业在未来是否可能发展到固步自封，再发展到更不容乐观的境地（David

1994；Hargadon and Douglas 2001；Sydow，Schreyogg，and Koch 2009）。当然，诸如经济、政治或文化类的外部冲击也可能改变这些不容乐观的发展方向；一旦这类冲击出现，就应该放弃原先的路径转而寻求新的投资路径（Vergne and Durand 2010）。因此，路径依赖理论暗示初期的模式会固执地延续到未来阶段，而环境的冲击则决定了变化的本质和内容。路径依赖主要受初期条件影响，正是初期条件塑造了产业的早期状况。此外，路径依赖也受环境干预的影响。这体现在政府决策上，这些政策的出台刺激了以色列创业集群的发展。Avnimelech（2008）认为在以色列的案例中，演进模式可以被定义为从某一阶段向另一阶段转变的过程，决定因素是特定变量的"筛选和生产"：

> 在以色列的案例中，这些包括辨识出某些技术领域及该领域具备潜在竞争优势的以色列公司，诸如数据安全、企业软件、计算机网络、集成电路设计、数字信号处理和其他与通信相关的技术。同时，也包括一批关键公司的创建，正是它们最终发展为令人瞩目的派生公司和模仿对象的源头。此外，还包括有限合伙人风投组织形式的筛选作为主导设计，具备纳斯达克市场首次公开募股经验，及在纳斯达克首次公开募股的新兴的以色列创业企业。（p33）

因此，通过产业生命周期这一视角，我们把产业演进和依赖时间发生的变化关联起来，而非与塑造产业孕育阶段发生的环境事件相关联。我们认为，产业特征在每一个阶段都是稳定的，并不会导致产业发生异质变化。某一组织的前景要依靠其自身的事前分析能力，而且即使这一组织能成功开发出最适合自身的战略，组织的行为也是独立的。

腾飞视角

Fiegenbaum（2007）利用战略性的腾飞典范，也试图来阐释以色列高技术产业的出现。以色列高技术的腾飞和 20 世纪 90 年代交织的大量因素同步发生。这些因素包括：以色列进入全球的经济大环境，社会和经济发生转型——尤其是倾向于私有化和新自由主义化的政策变化。这些政策变化也鼓励以技术为基础的跨国公司（MNCs）在以色列纷纷建立下属机构，以充分利用该国具备高技术技能的劳动力。而且，向私有化和以市场为导向的经济政策的转变为以色列高技术产业营造了一个处处充满竞争的环境，包括几次增强了许多以色列产业在国际市场竞争潜能的商业机遇。Feigenbaum（2007）把这一过程总结如下：

> 外国公司的战略地位优先于本土公司；因此，由于以色列公司处于劣势，它们就有动力去寻求新的战略解决方案。总而言之，这些变化在全球层面上包括日益增强的全球化，外国公司的准入，还有国有企业的私有化。所有这些都把尚未发展成熟的以色列高技术产业暴露在一个全新的国际舞台上。这个舞台充满了挑战，也由此刺激了以色列产业的腾飞。（p21）

因此，以色列高技术产业的成功高度依赖全球崇尚新技术的风气和成熟的市场。要实现腾飞，产业部门首先就要发展到一定的成熟阶段，才能够充分利用全球整合的机遇。然而，我们应意识到创业模式所占的统治地位，大量创业企业或灭亡或保持中小规模，都是阻止高技术产业向成熟阶段发展的绊脚石。在这一阶段，公司最好还是探索自身最初的创新理念，从而力求在市场上保持竞争力。因此，以色列的高技术模式的基础是在利基（细分）市场上达到创新突破，保持技术领先。不过，它避开了那些有关运营管理和组织建设的繁重任务，从而顺利融入结构和战略颇为复杂的全球经济。正如首席科学家办公室前任负责人 Orna Berry 所说：

　　　　我认为在以色列要想建立一个"长期屹立"的公司是很困难的，原因在于管理难题和水平较低的运营能力。我们更擅长处理短期问题。而相对而言，创新就是一个短期的事件。它涉及的是一股冲劲和灵感，有时候则需要快速结果。一旦你成功发现了（一个事物），你立刻就向下一个新想法奔去。我们对生产、基础设施建设、物流或销售这些劳心劳力的工作没啥兴趣。（访谈，2007）

塑造产业演进路径的政策机制

　　以色列高技术产业[5]的出现植根于国家的产业政策。而相应地，产业政策与以色列谋求自力更生、为高技术产业而追求全球机遇，是相关的。

研发政策的形成

　　自以色列建国初期以来，国家政策的制定目标就是为增强那些被视为重要领域的竞争力而利用一切可调取的资源——主要指国家安全和国家建设。因此，20 世纪 90 年代，技术政策的机制建设为创新重组提供了充足的产业研发基金。同时，技术基础设施也赢得了一定的基金支持（Breznitz 2006；Teubal 2002；Trachtenberg 2001）。这条政策发挥了强有力的协调作用，推动信息技术通信和因特网领域向前发展，对这些领域今后在全球市场所取得的成功也功不可没[6]。这条政策的核心理念是发展本土创新能力，创造本土风投产业，为创业者提供各种激励项目。

　　例如，以研发为基础的技术创业的焦点使以色列信息技术通信部门成为一股创新的力量。这个部门从其他的各个领域调取资源：学术界、国防业、军队技术部门、专攻工程的俄罗斯技术移民，及一批归国人员，包括从美国回到祖国的以色列技术创业者。而且，正如 Breznitz（2007）所指出的：

产业聚焦研发，这就促使人们凭借与发达国家的特殊关系，设计出特殊的商业模式。就拿以色列为例，对研发的高度依赖，加上国家努力与美国市场发展特殊关系的驱动力，正是促使其在20世纪90年代获得巨大成功的原因。不过，也有一些声音认为这也是塑造其弱点的主要罪魁祸首。（p148）

实际上，信息技术部门不仅能够掌控以色列相当一部分的研发能力，而且和几乎每一个富有实力的美国技术强大的公司都有渊源，包括IBM、思科、谷歌，而且微软在以色列还设有一个下属研发机构。

风投产业

158

以色列风投产业的历史始于一个独特的政府政策，它为那些对投资新兴高技术产业有兴趣的金融机构提供种子资本[7]。Avnimelech和Teubal（2008）认为以色列的风投创业企业共同演进早在20世纪80年代就已经拉开了帷幕，当时现代化的信息技术通信和软件产业已经出现。凭借全球资本，再加上以色列政府创造的政策机制的进一步推波助澜，风投产业应运而生。这一产业强有力地为以色列高技术创业活动提供支撑。风投不仅提供资本，而且通过创建者和专业管理人员的交往传播有关技术和市场的知识。而且，在20世纪90年代，伴随着风投产业的诞生，越来越多的创业企业对资本的需求也日益高涨。同时，风投产业从政府的优惠政策中获得极大收益，拥有一个稳定的地缘政治环境，享受新自由主义和以市场为导向的政策，再加上私有化和货币宽松政策等都是不可或缺的因素。

首席科学家办公室

这一政策架构由两部分组成。第一，它为个体投资者及创业者提供资金激励，并不考虑他们是否处于重要产业。第二，它促进高等教育学府及国家级实验室的研发（主要以国防为导向），并创建技术孵化平台。Breznitz(2007)声称这一政策架构强化了研发能力和日常惯例，同时推动了整个经济文化的重组(p146)。在首席科学家办公室的带领下，这一政策在20世纪70年代期间不断演进，并且融入了一整套的工具手段中，共同为推动国家创新效力。它们不断调整供需关系，以适应研发需求，同时强化技术和开发能力及技能。正如Breznitz(2007)所指出的，这一政策"创建了一批经验丰富的客户群及信息技术产业基础"。相应地，这一变化引发了有序的、自我强化的过程，不仅强化了以研发为基础的产品，而且对这类产品及可以解决与研发相关问题的产品提出了更高的需求"(p1467)。

在人们眼中，首席科学家办公室这一资源可以随时取用，而且"很民主"。原因在于，它在资助时采用同样的精英体制标准，这一标准的基础是商业计划和技术项目的可行性。对于年轻的创业企业而言，来自首席科学家办公室的资助足以向其他潜在的投资者证明其合法性，而且凸显其自身计划的可行性和适合性。而且，首席科学家办公室的支持减少了与创建新企业相关的风险，因为它所提供资助的回报模式与忠诚度相关，而且仅仅与收入挂钩。通过与信息技术通信领域各类创业者的访谈，我们可以得出这样一个结论：把赌注押在首席科学家办公室上面，而非创业者身上，是推动以色列创业蓬勃发展的主导因素。正如一位创业者描述的，对于新的企业来说，这些资助不仅帮助它们"拿着政府的钱去赌博"，而且——也许是更重要的——把稀缺资源从研发领域转用到其他领域，如市场和商业拓展。后者对于新企业的生存来说非常重要，尤其是在其生命周期的初期阶段(Ruef 2005)。一位享受过首席科学家办公室资助的创业者这样说道：

159　　　　当我们开始创业时，首席科学家办公室是我们的首选。我们接受的资助用于研发活动，包括发工资。我们能够获得资助这一事实也有助于我们从风投基金那里筹集额外的资金，由此得以相对不受干扰地完成我们产品的雏形。对我们来说，使用这笔钱毫无风险。我喜欢这种激励模式，包括产生收入后随之而来的权利金收益。如果首席科学家办公室当初提供的是一个非常宽松舒适的贷款，我们就不会接受了。正是首席科学家办公室资助研发这一行为，才创造了一种合伙人关系。首席科学家办公室对于风投基金是一种补充。如今(2007)，首席科学家办公室的资助显得尤为重要，因为其他渠道的资金来源正日渐萎缩。在 20 世纪 90 年代末，当风投资金相当充足时，首席科学家办公室的资助被视为"不利的钱"，因为它附带许多约束条件。如今，而且往往在危机关头，很多公司，包括那些大公司在内，都纷纷转而向首席科学家办公室申请资助，或者参与其他产业或学术界的联合项目，如 Magnet。(访谈,2007)

虽然首席科学家办公室对信息技术通信领域做出了极大贡献，创建者依然面临大量与政策相关的、官僚体制带来的障碍。多年来，首席科学家办公室分配的预算呈现下滑趋势，相应地，它的资助条件也有退步。这包括：对研发项目的资助比例由原先的 50% 下调至 30%。一家信息技术通信公司的 CEO 之一这样说道：

> 多年来，官僚主义和我们作为公司的需求之间脱节越来越严重。因此，当我们提交资助申请时，他们的评估是不切实际的。从我的经验来看，首席科学家办公室已经失去了原先的理想主义，失去了最初的驱动力，剩下的只是"灰色"。他们取消了我们的一些项目，最终我们选择了放弃他们。无论如何，我们还是成功被一家美国公司并购了。(访谈,2006)

　　首席科学家办公室资助计划的其他受益者还提到了一个限制条件，就是在以色列境外传播知识和知识转化的局限性。总的来说，我们所采访的 CEO 们都表示，这种法律上的限制使他们的竞争力优势受到影响，特别是在面对来自中国和印度的竞争对手时。我们采访的许多对象都表示，首席科学家办公室对以色列境外的特定合伙人设置重重限制，包括生产方面——但是与之截然相反的是，首席科学家办公室对那些被外国实体并购的以色列公司，或那些在以色列境外证券交易市场上市的以色列公司却没有提出任何实质性的约束条件。一家大型的、以生产为导向的信息技术通信公司的 CEO 证实道：

　　　　我无法理解首席科学家办公室的逻辑。我们刚刚开始发展起来，他们就要求我们马上归还最初资助的那笔钱，而且我们必须遵守一系列关于知识共享或生产的约束条件。我们身处同一个地球村，对知识共享加以限制会让我们在面对竞争对手时陷于不利的境地。我们亲眼目睹了研发活动往其他地方搬迁的趋势，主要是搬去印度和中国。我们真不应该这样做。这是戳我们自己的软肋，并且会毁了我们在这里拥有的关键性优势。如果我们把研发，甚至把我们的生产线都迁走，如果政府不致力于通过提供优惠政策来创造一个良好的环境，那么正如 20 世纪 90 年代那样，像 Comverse 那样的公司就会纷纷离开以色列去中国。（访谈，2009）

　　首席科学家办公室认为鼓励创新的同时应该降低风险。实际上看，它以两种模式运转——一方面，根据风投原则提供基金，同时对投资承担一定的回报风险；另一方面，扮好这一角色：满足推动创新和研发这个国家目标。根据一位首席科学家办公室的高级官员所说，协调好两者之间的关系是很有必要的：

我们的目的是降低公司承担的风险，而不仅仅是分配资金。所以我们愿意承担损失，对此我们是很敏感的。因为在国家层面上，开发出的新知识依旧保留在国家境内。人们从一个地区移动到另一个地区，整个过程都在使用这些知识。虽然这只是我们的态度，但是我们对公众和政府都要负责，我们希望能够整合所有的资源，并使之发挥最大……效益，而非沦为一部分只盘算着如何利用我们所提供资助的人的收入来源。我们关注的不仅仅是作为个体的公司的收益，还试图设计出一套制度用来增强高技术在全球的竞争力优势。这就是为什么我们如此强调创新。（访谈，2009）

不过，公司的侧重点则有所不同：他们更关注商业发展，而非仅仅关注研发。一家信息技术通信公司的 CEO 这样解释道：

首席科学家办公室想看到的是创新，是新的开发点。但是，这往往并非我们的首要任务。有时候在我们朝某一个方向努力时，需要资金支持，而首席科学家办公室并不认为这代表尖端的技术水平。可是对我们而言，那恰恰意味着商机。比如，我们首先选中一个产品，为了增强它的性能就需要大量资源，但是首席科学家办公室认为这不是创新，所以不值得支持。但是，只有这样做才能改进产品，甚至可以降低成本。针对类似的项目，首席科学家办公室是不会出钱的。始终困扰我们的问题是想法过多，而去实践这些想法的执行力却很有限。一旦你攻克了技术难关，接下来就需要获得市场成功。成功并不仅仅意味着开发新技术——也体现在营销和质量上。我们擅长出主意、创新、探求新的路径，但是一涉及质量和营销，我们就相对弱势一些。（访谈，2009）

归国人员

许多以色列归国人员都曾经供职于全球性的跨国企业，诸如因特尔、IBM、摩托罗拉、微软和思科。这些公司都地处信息技术通信水平领先的集群地，如硅谷。这些跨国企业家们就成为连接本土信息技术通信产业和全球市场的重要桥梁。下面就是一位以色列创业家的描述，他把研发部门设在以色列，而把运营和销售办公室设在了纽约。他这样说道：

> 幸运的是，我非常熟悉美国的销售文化，因为我在旧金山有丝绸领带方面的业务，因此不得不管理一支销售团队。虽然我的主要业务在以色列，但是我明白要想看到成果，就必须待在美国和销售团队一起奋斗。所以我不仅是这些销售人员和他们的客户之间的桥梁，还是他们和以色列技术专家之间的纽带。除此之外，我还引进了进取型的销售技巧，这种技巧在我的领带业务领域效果很理想。（访谈，2007）

以色列法制、规章和政策方面的变化很大程度上增强了以色列高技术产业的社会资本。在以色列，移民政策规定，可以为海外犹太人快速提供国民身份。因此，凭借这一政策，以色列成功吸纳了将近 100 万来自前苏联的移民（Remennick 2007）。伴随这种旨在发展高技术产业的移民吸纳和创举，一批特殊项目得以实施，包括"孵化器"项目。这个项目为来自俄罗斯的工程师和科学家提供工作和经商的机会（Wylie 2011；Yerushalmi 2002）。在俄罗斯移民中，有技能的工程师所占比例很高，这就为新兴的高技术产业提供了所需的人力资本。因此，以色列跨国企业家能够从两种类型的国家政策获益：国家移民政策，意识形态的移民政策。后者指吸纳来自前苏联的有技能的工程师、经济激励和政策机制。

此外，一个强大的风投产业也有助于集群的集聚。这一产业和信息技术通信领域同步演进，而且发展了和全球市场建立关联的能力。基础设施的使用、有技能的技术劳动力、可获取的资本和市场都吸引着以色列的高技术创业家。他们把基地重新设立在了以色列。一位"归国人员"这样描述这一过程：

> 我回国时，经历了一段缓冲期。我成为政府下属的一个技术孵化器的合伙人。这个孵化器是为了吸收俄罗斯移民而创建的。因此，我能够以较低的成本雇用一批具备高技术能力的工程师，同时也能从首席科学家办公室获得资助。在以色列，我的第一笔生意来自以前工作过的美国得克萨斯州一家公司。（访谈，2009）

以色列高技术的体制和结构提供了理想的环境，在这种环境下，公司得以充分利用技术移民，为创建和管理公司提供知识和专业技能——尤其值得一提的是，公司还可以动用唾手可得的本土资源（Stinchcombe 1965；Aldrich and Fiol 1994）。*可利用的资源*，主要通过20世纪70年代到90年代期间盛行的政府刺激手段和社会条件，这类资源提供了有竞争力的优势，使诸如 Dov Frohman（因特尔的创建者之一）这类以色列人有能力创建高技术业务，同时也能在以色列国内外创建一种新的模式，这种模式的基础是任务和资源互补。一位创建了通信宽带服务基础设施的归国人员这样解释道：

> 以色列高技术（产业）的发展有很大一部分要归功于像 Dov Frohman（因特尔以色列的创建者）这样的一批人。我们在美国起家，在那里我们的心中埋下了知识和创业的种子。当我们搬回以色列后，就把知识和经验运用到以色列的大环境下。发展成熟的美国公司是一所最好的学校，通过在那里工作，我们可以学会如何

正确做事，调整至最佳商业模式，然后再带着所学的本领移民到以色列。以色列的环境已经发生了变化。六年前，我会认为 *Yored* 是一个希伯来语，是指移民的一个贬义词。不过现在，我们带来了自己的经验、关系网和创造商业机遇的能力。不要误会——不仅仅是我们（技术领域的人），还有归国的银行家、财务和营销人员。我们带来增值效应，实现这一效应的途径包括把美国市场的需求和以色列高技术能力相关联。我们知道如何利用以色列的创造力，并按照美国的标准和市场对它进行转化。所以，目前我的业务跨越多个国家，而任务会被合理分配至各地。在以色列这儿，我们主要进行研发和技术支持，而在美国，主要进行业务开发和市场营销。可以说，公司真正的总部是在这儿，但是我会花相当一部分时间待在美国，因为我们的客户在那里。（访谈，2009）

162　危机和下坡

最近，有一些批评家质疑以色列高技术产业在全球金融危机面前能否生存下来。*The Marker*，一份以色列颇具影响力的经济类报纸，这样描述这一危机：

一个重要的问题是以色列是否愿意放弃这个产业领域。这个领域不仅把以色列塑造成一个积极的创新之国的形象，而且推动了其他高技术产业向前发展，而不仅仅停留在直接生产层面。在这个领域，一批下岗工人流动到外国的研发中心去工作，那些中心对以色列人所具有的品质非常欣赏。在这个领域，如果创业企业失败，那么老员工就会回到那些发展更成熟的公司去继续工作。正是这个领域在过去的数年里，为国家税收贡献了数十亿。先生们，女士们，我们的创业之国正在走下坡路。（*The Marker-IT*

Computerworld，2010 年 6 月 29 日）

在 20 世纪 90 年代，高技术产业成为以色列经济发展的重要引擎[8]。然而，产业的强势和快速增长也被视为是造成一般意义上的、非高技术产业领域体现弱势的原因。和经济体内其他产业相比，高技术产业的增长速度是其五倍，因此整个国内产业间相差日益悬殊，导致"双重经济"的诞生。一方面，一个发展成熟的、现代化的高技术产业，拥有自身的一套激励政策、聘用标准、薪酬和空间集聚性，造福了国内更富有的（主要是中部）的地区。另一方面，国内其他地区的产业领域被视为在技术上相对不那么先进、效率更低，并因此在政策倾斜性、聘用和薪酬方面相对弱势。这种状态使社会经济的不平等性日益加剧，而这在以色列的公共议事日程上始终处于首要位置。而且，高技术的成功是基于出口其创新和技术，所以收益主要体现在国外，仅有一些对国内产生影响。以色列的创业文化历来追求短期收益，主要指把公司出售给美国企业[9]。

人们批评以色列的出口型创业文化目光短浅，而且仅聚焦于直接的金钱回报——对其他商业发展的重要方面关注过少，尤其对企业成长和可持续发展方面的营销和战略制定重视不够。在危机时刻，创业企业也受"规模过小缺陷"的困扰。换句话说，公司缺乏生存所必需的资源、合法性和恢复力。这就使这些企业更容易受到市场和经济动荡的冲击（Aldrich and Ruef 2006）。在危机时刻，风投倾向于参与"批发"以节省投资，而不考虑所投资的创业企业的长期愿景及质量。正如 Y. Oron，一位风投企业 Vertex 创建者和合伙人宣称："我们知道在危机情况下，风投的反应是什么。有许多具备超强技术能力的公司，但是（他们）需要我们注入大笔资金才能盈利或至少保持收支平衡。在这种情况下，我们偏向于出售我们的股份，承担金钱上的损失"（"The Sad Wholesale of the Israeli High-Tech," *Kalkalist*，2009 年 11 月 22 日，

p. 8)。风投的理念是许多创业企业在危机期间很容易破产,这样就会
带来员工赔偿或偿还营运债务的额外的经济负担。而且,创业文化是
163 建立在紧密的关系网、竞争力和鲜明的以任务为导向的聘用模式基础
之上(Baron and Hannan 2005),因此很容易在压力下崩溃。被美国一
家大型企业收购的创业企业的首席技术官这样说：

> 这是我的第三家创业企业了,所以我的精力几乎耗竭了。从
> 表面看,和你共事的都是同样有竞争意识的人。为了追求成功这
> 一目标,他们个个动力十足,具备高度责任感——对于无法实现既
> 定目标这一情况,他们完全不能接受。这就是承诺文化,即使你在
> 做出承诺时还不能给予什么。但是在危机关头,凝聚力就完全丧
> 失了——缺乏激情、对工人缺少关心、只字不提他们所做出的贡
> 献。对于创建者来说,人是可替换的;他们关心的只是从这艘正在
> 下沉的船上能获益多少。(访谈,2009)

最近的一次金融危机(2007—2010)使我们意识到了支持技术和创
新的迫切性,同时要兼顾它们的优点。这也被视为以色列政府最近的
政策理念的基础,同时也是以色列高技术产业主要的竞争力优势所在。
除此之外,它强调了一个事实,那就是,从 2000 到 2001 年,研发政策经
历的一系列调整十分细微,同时高技术产业从政府所分到的预算激励
一直处于拖延状态(Cohen 2009)[10]。政府在意识到相关问题的严重
性后,出台了一整套全新的政策,以提供"高技术的救生船"机制("高技
术的救生船",*Kalkalist*,2010 年 7 月 9 日)。一些观察员主要聚焦对
各类投资和可持续活动的免税政策,比如推动与技术相关的教育,鼓励
创建大中型公司,支持服务领域(诸如金融)的创新型技术,减少首席科
学家办公室对所投入的特定案例的资金回报,为机构投资者提供担保,
强化政府各类研发代理机构的政策。

　　总而言之，本附录旨在回答下列问题：以色列高技术产业如何出现和演进？从现存的文献中，我们可以归纳出三大主流答案：（1）集群形成的过程，（2）产业共同演进的一系列阶段，（3）政策制定的后果。对于该产业，我们的观点提出了社会的、历史的条件，还有一些主要因素。这些因素塑造了该产业的本质和结构，包括军队特殊技术部门的角色。这些部门培养了一批技能卓越的劳动力。同时，我们也回顾了影响高技术产业的政府决策的制定环境和演进过程，并解释了创业家如何能够为创业文化营造空间，而这种创业文化以以色列特殊的社会和地缘政治条件为基础。

注　释

第一章

〔1〕 关于派生过程及其不同类型，请参阅 Klepper(2009)及本书第
三章。

第二章

〔1〕 不同的研究学派认为机制理论和生态理论之间是竞争关系，或
至少聚焦的方面有所不同(DiMaggio and Powell 1983；Scott
2001)。但是，也有一些学者认为它们是互补关系(如参阅稍后
提及的 Suchman)，他们声称：组织型生态关注可操作的资源
(支撑组织生存的原材料)，而机制型理论关注的则是构成性的
信息(决定组织结构的基本角色)，但这两者与组织的机制生态
都保持一致。无论是资源流通，还是信息流通，彼此往往共存。
而且，要理解某个特定组织群体的演进，就需要整合这两方面的
流通。

〔2〕 比如，顶层管理团队的构成可谓是"位置印记"的指标——也就
是说，历届的顶层管理团队在组织中的位置决定了他们得以塑
造该组织的管理蓝图、做法或行为准则(Beckman and Burton

2008；Burton and Beckman 2007）。

〔3〕 至于预准入，或预创建的问题，在剥离领域展开了大量的经验性的讨论。比如，Klepper(2001)对创业者进行分类：有的创业者从同一个产业获取了工作经验；有的创业者则从不同的产业获得经验。而且，Klepper(2001,2009)用 *de alio* 这个特定术语来界定那些由富有经验的企业家创建的新企业；用 de novo 来界定那些由缺乏经验的企业家(不具备与所创企业相关的工作经验)创建的新企业。在这种情况下，新企业的可信度(Stinchombe 1965)可能会被创业团队的预准入经验所削减，意味着创业团队的技能、知识或工作习惯与他们具备的与新企业相关的工作经验有密切的联系。

第三章

〔1〕 这个三层理论实际上表明了劳动力流动机制的目标(Histadrut——全国总工会及其经济武器 Hevrat Ha'Ovdim)真正控制并引导着即将诞生的新国家的经济和政治路径。比如，Hevrat Ha'Ovdim 的首要目标是针对国家和经济领域——参与以色列(巴勒斯坦)犹太人居住地的人口及经济领域基础设施建设，这些举措包括扩大地域范围，加速本土经济发展，并为犹太移民创造就业机会。与之相对应的第二目标针则是对社会领域——推动工人阶级，这方面的举措包括追求收入和私有制财产的平等性。通过保护工人免受剥削，推进福利、教育和文化服务等发展来实现上述目标。

〔2〕 Ha Histadrut HaKlalit shel Ha Ovdim B'EretzYisrael(以色列总工会)，简称是 Histadrut，是以色列各级工会的领头羊。总工会建于 1920 年 12 月，当时国家还是英属巴勒斯坦托管地。发展至今，总工会已壮大为以色列最具影响力的组织之一。

166

Histadrut 于 1920 年 12 月创建于海法(Haifa),宗旨是为犹太劳动人民争取利益。目前,它已是劳工犹太复国主义运动的主流力量。除了发挥工会的职能,它在国家建设方面扮演的角色使其成为众多公司和工厂的拥有者,而且一度是整个国家最大的雇主。Histadrut 的会员从 1920 年的 4 400 家一跃至 1983 年的 160 万家(包括附属单位),占以色列总人口的三分之一以上,占劳动力总量的 85%。Histadrut 的会员中约有 17 万阿拉伯人(1959 年开始接受阿拉伯人为会员)。在 1989 年,Histadrut 是总计雇用约 28 万工人的雇主。自 20 世纪 80 年代以来,随着以色列经济自由化和管制撤销进程的加快,Histadrut 的角色和规模已处下滑阶段,不过它依然在以色列社会和国家经济舞台上发挥重要作用。

〔3〕 Histadrut 通过其经济武器·Hevrat Ha'Ovdim(工人团体),拥有并运营一大批企业,包括以色列最大的工业联合体(Solel Boneh, Koor)及最大的银行(Bank Hapoalim)。

〔4〕 David Levi-Faur(2001)对政治在以色列早期产业化进程中扮演的角色进行了大量的研究。他认为在 20 世纪 50 年代中期,以色列产业的所有制构成如下:60% 属于私有制,20% 属于工会(分别隶属于 Histadrut 和 Hevrat Ha'Ovdim),其余 20% 则属于政府(参阅 Barkai 1990)。

〔5〕 在 1923 年举行的 Hevrat Ha'Ovdim 宪法会议上,David Ben Gurion 试图从实用主义的角度定义公共劳动力办公室的目标——也就是说,管理型企业是国家实现经济目标的工具,从社会层面而言是面向未来的,是增强劳动力管理自身工作能力的途径。

〔6〕 经过多年的发展,Bynet 已把业务拓展至其他专业领域,如电信、计算机和网络。公司一旦能在众多领域保持高水准的技术

专业知识，就能为客户提供专业化的解决方案，而且这些方案对每一个商业领域都是独一无二的。如今，Bynet 提供一系列广泛的点对点解决方案和专业服务，来满足以色列乃至全球范围的公司在快速发展进程中对信息技术和电信的需求。

第四章

〔1〕 我们知道，在有些案例中，创业者在创建自己的公司前有丰富的工作经验。出于构建族谱的目的，我们仅指这些创业者最近一次的就业经历。在无法获取创业者个人就业信息（由 IVC 数据提供）的情况下，我们则联系其本人或通过其他渠道，如网络搜索，来填补必需的信息。

附录

〔1〕 根据政府投资促进中心（《以色列的风险投资》，"在以色列投资"，投资促进中心，http：//www. investinisrael. gov. il/NR/exeres/A19A138D－87A7－416B－8D62－1C968E035E13. htm）。

〔2〕 http：//www. investinisrael. gov. il/NR/exeres/A19A138D－87A7－416B－8D62－1C968E035E13. htm。

〔3〕 在 20 世纪 90 年代，大量的报道都聚焦以色列高技术产业的发展指标，涉及出口、劳动力雇用、投资、在纳斯达克上市的创业企业数量等，所有这些都证实了与其他工业化国家相比，以色列的发展是令人惊叹的，是史无前例的（Cohen 2009；Caesarea Forum 2009）。例如，在 20 世纪 90 年代，以色列的产业吸引了约 130 亿美元的风险投资，43％的工程师和科学家就职于由大型的美国技术公司和欧洲巨头创建的外国研发中心，如微软、谷歌、思科、摩托罗拉、应用材料公司和西门子。

〔4〕 据估计,1999 至 2000 年间,多达 3 500 至 4 000 家创业公司在
      以色列创建(Carmel and de Fontenay 2004)。

〔5〕 创业企业主要集中在软件、数据通信、电光学、硬件设计和因特
      网技术和内容领域。

〔6〕 2000 年,以色列高技术产业总计雇用 14.8 万人(其中三分之一
      是科学家和工程师),创造的产出高达 150 亿美元,并为国家的
      GDP 增长贡献了 71%(Carmel and de Fontenay 2004)。而且,
      在纳斯达克上市的以色列公司数量超越了美国和加拿大除外的
      其他所有国家(Carmel and de Fontenay 2004)。

〔7〕 根据我们现在所掌握的情况,以色列风投产业可以追溯至 1993
      年。当时政府决定成立一个基金会,称为 Yozma 项目(在希伯
      来语中,意思是"创新")。在 1993 年以前,整个以色列只有一个
      风投基金。Yozma 项目对外国风投者及其对以色列投资的态
      度产生了巨大的、积极的引导作用。在此项目推动下,十个全新
      的风投基金相继成立,项目资金高达 2 000 万美金。Yozma 对
      每一个风投基金持 40%,外国投资者持 60%。此外,通过政府
      所有的 Yozma 一号基金(1 Fund,1993 年开始运营,并于 1997
      年私有化),Yozma 也直接投资了 2 000 万美金。六个基金成立
      于 1993 年,分别是:Gemini, Star, Concord, Pitango, Walden
      和 Invantech;一个基金成立于 1994 年:JVP;两个基金成立于
      1995 年:Medica 和 EuroFund;最后一个基金成立于 1997 年:
      Vertex。Yozma 的一系列基金总计筹集的资金高达 2.5 亿美
      金(其中 1 亿美金来自政府资金),这些资金都被投放给了 200
      个创业公司。

168   〔8〕 以色列高技术产业的繁衍力总能通过一系列的表现力数据得以
           体现。比如:在创建新企业方面,以色列在全球位列第二(仅次
           于加利福尼亚),平均每年创建 200 多家企业;在人均美国授权

专利数方面,以色列在全球位列第四,在 1998 至 2000 年期间总
计 7 652 项专利;就研发支出占 GDP 比重而言,以色列在全球
堪称老大,在 2009 年高达 4.9%——不过其中大部分资金来自
商业部门,而政府对研发的投入自 2001 至 2010 年间呈持续下
滑趋势;以色列的高技术产品在 2008 年占产业总出口的 50%
(高达 210 亿美金),而所雇用的劳动力在 2007 年仅占 6.8%
(约 7 万人);就风投领域而言,以色列在全球风投创业企业方面
位列第三(数量达到 378 个);还值得一提的是,就人口规模而
言,以色列人均拥有的工程师数量比美国都多,每 1 万人拥有
135 个工程师。而在美国,每 1 万人仅拥有 85 个工程师(Getz
et al. 2005)。

〔9〕　下列图表归纳了美国企业最著名的收购案例:

收购价格 (单位：百万美金)	年份	以色列公司	收　购　者
407	1998	Mirabilis	American Online
1 600	1999	DSP	Intel
4 800	2000	Chromatics	Lucent
2 700	2000	Galileo	Marvel
780	2000	Visiontech	Broadcom
620	2005	Shopping. com	eBay Inc.
4 500	2006	Mercury	Hewlett-Packard
1 550	2006	M-Systems	SanDisk

〔10〕　比如,OCS 的预算从 2010 年 IS 16.2 亿削减至 2011 年的 IS 13 亿。
以色列政府;工业、商业和劳工部;首席科学家办公室:Ongoing
Programs(Hebrew)。
http://www. moital. gov. il/NR/rdonlyres/F03510EF - 4C99 -
4AD7 - 8E99 - 92827A0F1809/0/nochnit2011. pdf。

参考文献

Abernathy, W., and J. M. Utterback. 1978. "Patterns of Industrial Innovation." *Technology Review* 80 (7): 41–47.

Agarwal, R., R. Echambadi, A. M. Franco, and M. B. Sarkar. 2004. "Knowledge Transfer through Inheritance: Spinout Generation, Development and Survival." *Academy of Management Journal* 47 (4): 501–522.

Aharoni, Y. 1976. *Structure and Performance in the Israeli Economy*. Tel Aviv: Cherikover Press.

———. 1991. *The Political Economy of Israel*. Tel Aviv: Am Oved.

———. 1993. *The Israeli Economy: A Retrospective View*. IASPS Policy Study 16. Tel Aviv: Institute for Advanced Strategic and Political Studies.

———. 2007. "New Business Elites." In *New Elites in Israel*, edited by E. Ben-Rafael and Y. Sternberg, 80–113. Jerusalem: Bialik Institute.

Akzin, B. 1955. "The Role of Parties in Israeli Democracy." *Journal of Politics* 17 (4): 507–545.

Aldrich, E. H., and M. C. Fiol. 1994. "Fools Rush In? The Institutional Context of Industry Creation." *Academy of Management Review* 19 (4): 645–670.

Aldrich, E. H., B. Rosen, and B. Woodward. 1987. "The Impact of Social Networks on Business Founding and Profit: A Longitudinal Study." In *Frontiers of Entrepreneurship Research*, edited by N. Churchill et al., 154–168. Wellesley, MA: Center for Entrepreneurial Studies.

Aldrich, E. H., and M. Ruef. 2006. *Organizations Evolving*. 2nd ed. London: Sage.

Aldrich, E. H., and G. Wiedenmayer. 1993. "From Traits to Rates: An Ecological Perspective on Organizational Foundlings." In *Advances in Entrepreneurship, Firm Emergence, and Growth*, edited by J. Katz and R. Brockhaus, 145–195. Greenwich, CT: JAI Press.

Anton, J. J., and D. A. Yao. 1995. "Start-Ups, Spin-Offs, and Internal Projects." *Journal of Law, Economics, and Organization* 11 (2): 362–378.

Arthur, W. B. 1989. "Competing Technologies, Increasing Returns, and Lock-In by Historical Events." *Economic Journal* 99 (394): 116–131.

———. 1994. *Increasing Returns and Path Dependence in the Economy*. Ann Arbor: University of Michigan Press.

Avnimelech, G. 2008. "A Five-Phase Entrepreneurial Oriented Innovation and Technology Policy Profile: The Israeli Experience." *European Planning Studies* 16 (1): 81–98.

Avnimelech, G., and M. Teubal. 2003a. "Evolutionary Venture Capital Policies: Insights from a Product Life Cycle Analysis of Israel's Venture Capital Industry." Working Paper Series, Science, Technology, and the Economy Program (STE), Samuel Neaman Institute for Advanced Studies in Science and Technology, Technion–Israel Institute of Technology, Haifa.

———. 2003b. "Israel's Venture Capital Industry: Emergence, Operation and Impact." In *The Growth of Venture Capital: A Cross-Cultural Comparison*, edited by D. Cetindamar, 207–240. Westport, CT: Praeger.

———. 2004. "Venture Capital Start-Up Co-evolution and the Emergence and Development of Israel's New High Tech Cluster." *Economics of Innovation and New Technology* 13 (1): 33–60.

———. 2006. "Creating VC Industries Which Co-evolve with High Tech: Insights from an Extended Industry Life Cycle (ILC) Perspective to the Israeli Experience." *Research Policy* 35 (10): 1477–1498.

———. 2008. "From Direct Support of Business Sector R&D/Innovation to Targeting Venture Capital/Private Equity: A Catching-Up Innovation and Technology Policy Life Cycle Perspective." *Economics of Innovation and New Technology* 17 (1): 153–171.

Bankman, J., and R. J. Gilson. 1999. "Why Start-Ups?" *Stanford Law Review* 51 (2): 289–308.

Bank of Israel. 2005. *Bank of Israel Annual Report—2004*. Jerusalem: Bank of Israel.

———. 2006. *Bank of Israel Annual Report—2005*. Jerusalem: Bank of Israel.

———. 2007. *Bank of Israel Annual Report—2006*. Jerusalem: Bank of Israel.

Barak, B. 1987. "The Measures of Success." *Tadiran Monthly Newsletter*, May 22–23.

Barkai, H. 1990. *The Early Days of the Israeli Economy*. Jerusalem: Bialik Institute.

Baron, J. N., M. D. Burton, and M. T. Hannan. 1996. "Road Taken: Origins and Evolution of Employment Systems in Emerging Companies." *Industrial and Corporate Change* 5 (2): 239–275.

———. 1999. "Building the Iron Cage: Determinants of Managerial Intensity in the Early Years of Organizations." *American Sociological Review* 64 (4): 527–547.

Baron, J. N., and M. T. Hannan. 2002. "Organizational Blueprints for Success in High-Tech Start-Ups: Lessons from the Stanford Project on Emerging Companies." *California Management Review* 44 (3): 8–36.

———. 2005. "The Economic Sociology of Organizational Entrepreneurship: Lessons from the Stanford Project on Emerging Companies." In *The Economic Sociology of Capitalism*, edited by V. Nee and R. Swedberg, 168–203. Princeton, NJ: Princeton University Press.

Baum, J. A. C., and H. Rao. 2004. "Dynamics of Organizational Populations and Communities." In *Handbook of Organizational Change and Innovation*, edited by M. S. Poole and A. H. Van de Ven, 212–258. Oxford: Oxford University Press.

Baum, J. A. C., and J. V. Singh. 1994. "Organizational Niches and the Dynamics of Organizational Founding." *Organization Science* 5 (4): 483–501.

Beckman, C. M. 2006. "The Influence of Founding Team Company Affiliations on Firm Behavior." *Academy of Management Journal* 49 (4): 741–758.

Beckman, C. M., and M. D. Burton. 2008. "Founding the Future: Path Dependence in the Evolution of Top Management Teams from Founding to IPO." *Organization Science* 19 (1): 3–24.

Ben-Bassat, A. 2002. "The Obstacle Course to a Market Economy in Israel." In *The Israeli Economy, 1985–1998: From Government Interventions to Market Economics*, edited by A. Ben-Bassat, 1–60. Cambridge, MA: MIT Press.

Bernstein, J. 1990. "Big Catch for Small Fry." *Newsday*, May 18, p. 47.

Bhide, A. V. 2000. *The Origin and Evolution of New Business*. Oxford: Oxford University Press.

Blum, A., and A. Tishler. 2000. "Security Needs and the Performance of the Defense Industry." Working Paper, Israel Institute of Business Research, Graduate School of Business, Tel Aviv University.

Boeker, W. 1988. "Organizational Origins: Entrepreneurial and Environmental Imprinting at the Time of Founding." In *Ecological Models of Organizations*, edited by G. R. Carroll, 33–52. Cambridge, MA: Ballinger.

———. 1989. "Strategic Change: The Effects of Founding and History." *Academy of Management Journal* 32 (3): 489–515.

———. 1997. "Executive Migration and Strategic Change: The Effect of Top Management Movement on Product-Market Entry." *Administrative Science Quarterly* 42 (2): 213–236.

Bonen, Z. 1995. "The Defense Industry: The Horse of Shalom Aleicem?" In *Discussions in National Defense*, edited by M. Arens, G. Steinberg, S. Sadeh, R. Shalom, Z. Bonen, and O. Tov, 37–41 [in Hebrew]. Ramat Gan, Israel: Begin-Sadat (BESA) Center for Strategic Studies, Bar Ilan University.

Bonne, A. 1958. "Entrepreneurial Problems in Israel." *Middle East Journal* 12: 89–95.

Braun, E., and S. MacDonald. 1982. *Revolution in Miniature: The History and Impact of Semiconductor Electronics*. 2nd ed. Cambridge: Cambridge University Press.

Bresnahan, T., A. Gambardella, and A. Saxenian. 2001. "'Old Economy' Inputs for 'New Economy' Outcomes: Cluster Formation in the New Silicon Valleys." *Industrial and Corporate Change* 10 (4): 835–860.

Breznitz, D. 2002. "Conceiving New Industrial Systems: The Different Emergence Paths of High-Technology Companies in Israel and Ireland." Working Paper Series, Science, Technology, and the Economy Program (STE), Samuel Neaman Institute for Advanced Studies in Science and Technology, Technion–Israel Institute of Technology, Haifa.

———. 2005a. "Collaborative Public Space in a National Innovation System: A Case Study of the Israeli Military's Impact on the Software Industry." *Industry and Innovation* 12 (1): 31–64.

———. 2005b. "An Iron Cage or the Final Stage? Intensive Product R&D and the Evolution of the Israeli Software Industry." Working Paper, Georgia Institute of Technology, Atlanta.

———. 2006. "Innovation-Based Industrial Policy in Emerging Economies: The Case of the Israeli IT Sector." *Business and Politics* 8 (1): 1–38.

———. 2007. *Innovation and the State: Political Choice and Strategies for Growth in Israel, Taiwan and Ireland.* New Haven, CT: Yale University Press.

Brookfield, J., S. J. Chang, I. Drori, S. Ellis, J. Lazzarini, G. J. Siegel, and J. P. von Bernath-Bardina. 2012. "The Small Worlds of Business Groups: Liberalization and Network Dynamics." In *The Small Worlds of Corporate Governance*, edited by Bruce Kogut, chap. 3. Cambridge, MA: MIT Press.

Burt, R. S. 2000. "The Network Structure of Social Capital." In *Research in Organizational Behavior*, edited by R. Sutton and B. Staw, 345–423. Greenwich, CT: JAI Press.

Burton, M. D. 2001. "The Company They Keep: Founders' Model for Organizing New Firms." In *The Entrepreneurship Dynamics*, edited by C. B. Schoonhoven and E. Romanelli, 13–39. Stanford, CA: Stanford University Press.

Burton, M. D., and C. M. Beckman. 2007. "Leaving a Legacy: Position Imprints and Successor Turnover in Young Firms." *American Sociological Review* 72 (2): 239–266.

Burton, M. D., J. B. Sorensen, and C. M. Beckman. 2002. "Coming from Good Stock: Career Histories and New Venture Formation." In *Research in the Sociology of Organizations*, edited by M. Lounsbury and M. J. Ventresca, 229–262. New York: Elsevier Science.

Cabral, L., and Z. Wang. 2008. "Spin-Offs: Theory and Evidence." Working Paper 08-15, Economic Research Department, Federal Reserve Bank of Kansas City.

Caesarea Forum. 2009. *The Future of Growth Promotion in Israel: A Return to Boosting Avant-Garde Industries and Scientific-Technological Innovation.* Jerusalem: Israeli Democracy Institute.

Campbell, D. T. 1965. "Variation and Selective Retention in Socio-Cultural Evolution." In *Social Change in Developing Areas: A Reinterpretation of Evolutionary Theory*, edited by H. R. Barringer, G. I. Blanksten, and R. W. Mack, 19–48. Cambridge, MA: Schenkman.

Carmel, A., and C. de Fontenay. 2004. "Israel's Silicon Wadi: The Forces behind Cluster Formation." In *Building High Tech Clusters: Silicon Valley and Beyond*, edited by T. Bresnahan and A. Gambardella, 40–77. Cambridge: Cambridge University Press.

Carroll, G. R. 1984. "Organizational Ecology." *Annual Review of Sociology* 10 (1): 71–93.

Carroll, G. R., L. S. Bigelow, M. D. Seidel, and L. B. Tsai. 1996. "The Fate of de Novo and de Alio Producers in the American Automobile Industry, 1885–1981." *Strategic Management Journal* 17 (2): 117–137.

Carroll, G. R., and M. T. Hannan. 2000. *The Demography of Corporations and Industries.* Princeton, NJ: Princeton University Press.

Castilla, E. J., H. Hwang, E. Granovetter, and M. Granovetter. 2000. "Social Networks in Silicon Valley." In *The Silicon Valley Edge: A Habitat for Innovation and Entrepreneurship*, edited by C. M. Lee, W. F. Miller, M. G. Hancock, and H. S. Rowen, 218–247. Stanford, CA: Stanford University Press.

Chatterjee, S., and E. Rossi-Hansberg. 2008. "Spinoffs and the Market for Ideas." Working Paper 08-26, Federal Reserve Bank of Philadelphia.

Chatterji, A. K. 2009. "Spawned with a Silver Spoon: Entrepreneurial Performance and Innovation in the Medical Device Industry." *Strategic Management Journal* 30 (2): 185–206.

Christensen, C. M. 1993. "The Rigid Disk Drive Industry: A History of Commercial and Technological Turbulence." *Business History Review* 67 (4): 531–588.

Cohen, E. 2009. *The Israeli High-Tech: Lack of Future Thinking.* Jerusalem: Carmel.

Cooper, A. 1985. "The Role of Incubator Organizations in the Founding of Growth Oriented Firms." *Journal of Business Venturing* 1 (1): 75–86.

Daniel, A. 1976. *Labor Enterprises in Israel.* New Brunswick, NJ: Transaction.

David, P. A. 1994. "Why Are Institutions the 'Carriers of History'? Path Dependence and the Evolution of Conventions, Organizations and Institutions." *Structural Change and Economic Dynamics* 5 (2): 205–220.

de Fontenay, C., and E. Carmel. 2001. "Israel's Silicon Wadi: The Forces behind Cluster Formation." In *Building High-Tech Clusters: Silicon Valley and Beyond*, edited by T. Bresnahan, A. Gambardella, and A. Saxenian, 2–36. Cambridge: Cambridge University Press.

Dencker, J. C., M. Gruber, and S. Shah. 2009. "Individual and Opportunity Factors Influencing Job Creation in New Firms." *Academy of Management Journal* 52 (6): 1125–1147.

de Nooy, W., A. Mrvar, and V. Batagelj. 2005. *Exploratory Social Network Analysis with Pajek.* Cambridge: Cambridge University Press.

DiMaggio, P. J., and W. W. Powell. 1983. "The Iron Cage Revisited: Institutional Isomorphism and Collective Rationality in Organizational Fields." *American Sociological Review* 48 (2): 147–160.

———. 1991. "Introduction." In *The New Institutionalism in Organization Analysis*, edited by W. W. Powell and P. J. DiMaggio, 1–38. Chicago: University of Chicago Press.

Dobrev, S. D., and A. Gotsopoulos. 2010. "Legitimacy Vacuum, Structural Imprinting, and the First-Mover Disadvantage." *Academy of Management Journal* 53 (5): 1153–1174.

Drori, I. 2000. *The Seam Line: Arab Women and Jewish Managers in the Israeli Textile Industry.* Stanford, CA: Stanford University Press.

Drori, I., and D. Landau. 2011. *Vision and Change in Institutional Entrepreneurship: From Science to Commercialization.* New York: Berghahn Books.

Drori, I., A. Wrzesniewski, and S. Ellis. 2012. "Symbolic Boundaries and Boundary Work during Post-Merger Integration." Working Paper, Faculty of Management, Tel Aviv University.

Durkheim, E. 1933. *The Division of Labor in Society.* New York: Free Press.

Dvir, D., and A. Tishler. 1999. "The Changing Role of the Defense Industry in Israel's Industrial and Technological Development." Working Paper, Israel Institute of Business Research, Graduate School of Business, Tel Aviv University.

Dyck, B. 1997. "Exploring Organizational Family Trees: A Multigenerational Approach for Studying Organizational Births." *Journal of Management Inquiry* 6 (3): 222–233.

Eckhardt, J. T., and S. Shane. 2003. "Opportunities and Entrepreneurship." *Journal of Management* 29 (3): 333–349.

Eilam, Y. 1974. *A Time to Build.* Tel Aviv: Am Oved/Tarbut Vechinuch.

Eisenhardt, K. M., and C. B. Schoonhoven. 1996. "Resource-Based View of Strategic Alliance Formation: Strategic and Social Effects in Entrepreneurial Firms." *Organization Science* 7 (2): 136–150.

Eisenstadt, S. N. 1969. *Israeli Society.* New York: Basic Books.

Fiegenbaum, A. 2007. *The Take-Off of Israeli High Tech Entrepreneurship in the 1990s: A Strategic Management Research Perspective.* Oxford: Elsevier.

Florida, R., and M. Kenney. 1988a. "Venture Capital, High Technology and Regional Development." *Regional Studies* 22 (1): 33–48.

———. 1988b. "Venture Capital–Financing Innovation and Technological Change in the U.S." *Research Policy* 17 (3): 119–137.

Fox, R. 1984. *Kinship and Marriage: An Anthropological Perspective.* Cambridge: Cambridge University Press.

Franco, A. M. 2005. "Employee Entrepreneurship: Recent Research and Future Directions." In *Handbook of Entrepreneurship Research*, edited by S. A. Alvarez, R. Agarwal, and O. Sorenson, 81–97. New York: Springer.

Franco, A. M., and D. Filson. 2006. "Spin-Outs: Knowledge Diffusion through Employee Mobility." *RAND Journal of Economics* 37 (4): 841–860.

Freeman, J. H. 1986. "Entrepreneurs as Organizational Products: Semiconductor Firms and Venture Capital Firms." In *Advances in the Study of Entrepreneurship, Innovation, and Economic Growth*, edited by G. Libecap, 1:33–52. Greenwich, CT: JAI Press.

Freeman, J., G. R. Carroll, and M. T. Hannan. 1983. "Liability of Newness: Age Dependence in Organizational Death Rate." *American Sociological Review* 48 (5): 692–710.

Fukuyama, F. 1996. *Trust: The Social Virtue and the Creation of Prosperity.* New York: Free Press.

Gabbay, S. M., I. Talmud, and O. Raz. 2001. "Corporate Social Capital and Strategic Isomorphism: The Case of the Israeli Software Industry." *Social Capital of Organizations* 18: 135–150.

Galai, D., and Y. Schachar. 1993. *Technology Transfer and Projects Conversion in the Israeli Defense Industry* [in Hebrew]. Jerusalem: Israel Democracy Institute.

Ganco, M., and R. Agarwal. 2009. "Performance Differentials between Diversifying Entrants and Entrepreneurial Start-Ups: A Complexity Approach." *Academy of Management Review* 34 (2): 228–253.

Garvin, D. 1983. "Spin-Offs and New Firm Formation." *California Management Review* 25 (2): 3–20.

Getz, D., H. Mansour, D. Peled, and M. Shumaf-Tehawkho. 2005. "Science and Technology Indicators in Israel: An International Comparison." National Policy Research Paper Series, Samuel Neaman Institute for Advanced Studies in Science and Technology, Technion–Israel Institute of Technology, Haifa.

Goel, A. 2007. "Success Is Fulfilling One's Objectives." www.itmagz.com.

Gompers, P., A. Kovner, J. Lerner, and D. Scharfstein. 2006. "Skill vs. Luck in Entrepreneurship and Venture Capital: Evidence from Serial Entrepreneurs." NBER Working Paper, National Bureau of Economic Research, Cambridge, MA.

Gompers, P., J. Lerner, and D. Scharfstein. 2005. "Entrepreneurial Spawning: Public Co-operation and the Genesis of New Venture, 1986–1999." *Journal of Finance* 60 (2): 577–614.

Granovetter, M., and P. McGuire. 1998. "The Making of an Industry: Electricity in the United States." In *The Laws of the Markets*, edited by M. Callon, 147–173. Oxford: Blackwell/Sociological Review.

Greenberg, Y. 1987. *From Workers' Society to Workers' Economy: Evolution of the Idea of Hevrat Ha'Ovdim in the Years 1920–1929* [in Hebrew]. Tel Aviv: Papyrus.

Hannan, M. T., M. D. Burton, and J. N. Baron. 1996. "Inertia and Change in the Early Years: Employment Relations in Young, High Technology Firms." *Industrial and Corporate Change* 5 (2): 503–536.

Hannan, M. T., and G. R. Carroll. 1992. *Dynamics of Organizational Populations: Density, Legitimation and Competition.* New York: Oxford University Press.

Hannan, M. T., and J. H. Freeman. 1977. "The Population Ecology of Organizations." *American Journal of Sociology* 82 (5): 929–964.

———. 1984. "Structural Inertia and Organizational Change." *American Sociological Review* 49 (2): 149–164.

———. 1989. *Organizational Ecology.* Cambridge, MA: Harvard University Press.

Hargadon, A. B., and Y. Douglas. 2001. "When Innovation Meets Institutions: Edison and the Design of the Electric Light." *Administrative Science Quarterly* 46 (3): 476–501.

Haspel, B. 1990. "In the Beginning There Was a Dream." *Tadiran Company Magazine*, pp. 13-16.

Helfat, C. E., and M. B. Lieberman. 2002. "The Birth Capabilities: Market Entry and the Importance of Prehistory." *Industrial and Corporate Change* 11 (4): 725–760.

Helfat, C. E., and M. A. Peteraf. 2003. "The Dynamic Resource-Based View: Capability Lifecycles." *Strategic Management Journal* 24 (10): 997–1010.

Higgins, M. C., and R. Gulati. 2003. "Getting Off to a Good Start: The Effects of Upper Echelon Affiliations on Inter-Organizational Endorsements." Working Paper, Harvard Business School, Boston.

Hite, J. M., and W. S. Hesterly. 2001. "The Evolution of Firm Networks: From Emergence to Early Growth of the Firm." *Strategic Management Journal* 22 (3): 275–286.

Hoang, H., and B. Antoncic. 2003. "Network-Based Research in Entrepreneurship: A Critical Review." *Journal of Business Venturing* 18 (2): 165–187.

Honig, B., M. Lerner, and Y. Raban. 2006. "High-Tech Companies and the Israeli Military Defense System." *Small Business Economics* 27 (4/5): 419–437.

Horowitz, D., and M. Lissak. 1989. *Trouble in Utopia: The Overburdened Polity of Israel.* Chicago: University of Chicago Press.

Ito, K. 1995. "Japanese Spinoffs: Unexplored Survival Strategies." *Strategic Management Journal* 16 (6): 431–446.

Ito, K., and E. L. Rose. 1994. "The Genealogical Structure of Japanese Firms: Parent-Subsidiary Relationships." *Strategic Management Journal* 15 (Summer): 35–51.

Jaffee, J., and D. G. McKendrick. 2006. "The Cumulative and Temporal Effects of Spin-Outs on the Performance of Parent Firms (Progenitors) in the Hard Disk Drive

Industry." Working Paper, Durham University, Durham, UK.Johnson, V. 2007. "What Is Organizational Imprinting? Cultural Entrepreneurship in the Founding of the Paris Opera." *American Journal of Sociology* 113 (1): 97–127.

Justman, M., and M. Teubal. 1996. "Technological Infrastructure Policy (TIP): Creating Capabilities and Building Markets." *Research Policy* 24 (2): 259–281.

Kenney, M., ed. 2000. *Understanding Silicon Valley: Anatomy of an Entrepreneurial Region.* Stanford, CA: Stanford University Press.

Kenney, M., and U. von Burg. 2000. "Institutions and Economies: Creating Silicon Valley." In *Understanding Silicon Valley: Anatomy of an Entrepreneurial Region*, edited by M. Kenney, 218–240. Stanford, CA: Stanford University Press.

Klepper, S. 1996. "Entry, Exit, Growth, and Innovation over the Product Life Cycle." *American Economic Review* 86 (3): 562–583.

———. 2001. "Employee Startups in High-Tech Industries." *Industrial and Corporate Change* 10 (3): 639–674.

———. 2002. "The Capabilities of New Firms and the Evolution of the US Automobile Industry." *Industrial and Corporate Change* 11 (4): 645–666.

———. 2009. "Spinoffs: A Review and Synthesis." *European Management Review* 6 (3): 159–171.

Klepper, S., and S. D. Sleeper. 2005. "Entry by Spin-Offs." *Management Science* 51 (8): 1291–1306.

Klepper, S., and P. Thompson. 2010. "Disagreements and Intra-Industry Spinoffs." *International Journal of Industrial Organization* 28 (5): 526–538.

Klieman, A. 1992. *Double-Edged Sword: Israel Defense Exports as an Instrument of Foreign Policy* [in Hebrew]. Tel Aviv: Am Oved.

Kraatz, M. S., and J. H. Moore. 2002. "Executive Migration and Institutional Change." *Academy of Management Journal* 45 (1): 120–143.

Lavie, D., U. Stettner, and M. L. Tushman. 2010. "Exploration and Exploitation within and across Organizations." *Academy of Management Annals* 4 (1): 109–155.

Levav, A. 1998. *Shevavim-shel-tikva: The Story of the Birth of Israel's High-Tech Industry.* Tel Aviv: Zemorah-Bitan.

Levi-Faur, D. 2001. *The Visible Hand: State-Directed Industrialization in Israel* [in Hebrew]. Jerusalem: Yad Ben-Zvi.

Lorenzoni, G., and A. Lipparini. 1999. "The Leveraging of Inter-Firm Relationships as a Distinctive Organizational Capacity: A Longitudinal Study." *Strategic Management Journal* 20 (4): 317–338.

Lounsbury, M., and M. A. Glynn. 2001. "Cultural Entrepreneurship: Stories, Legitimacy, and the Acquisition of Resources." *Strategic Management Journal* 22 (6/7): 545–564.

Maman, D. 2004. "Business Groups in the Israeli Economy: Factors of Formation/Consolidation and Strengthening." In *The Power of Property: Israeli Society in the Global Age*, edited by D. Filc and U. Ram, 113–160. Tel Aviv: Van Leer Jerusalem Institute/ Hakibbutz Hameuchad.

March, J. 1991. "Exploration and Exploitation in Organizational Learning." *Organizational Science* 2 (1): 71–87.

Marquis, C. 2003. "The Pressure of the Past: Network Imprinting in Intercorporate Communities." *Administrative Science Quarterly* 48 (4): 655–689.

Marquis, C., and Z. Huang. 2010. "Acquisitions as Exaptation: The Legacy of Founding Institutions in the U.S. Commercial Banking Industry." *Administrative Science Quarterly* 53 (6): 1441–1473.

McGahan, A. M. 2004. *How Industries Evolve: Principles for Achieving and Sustaining Superior Performance.* Boston: Harvard Business School Press.

Meyer, J. W., and B. Rowan. 1977. "Institutionalized Organizations: Formal Structure as Myth and Ceremony." *American Journal of Sociology* 83 (2): 340–363.

———. 1983. "Institutionalized Organizations: Formal Structure as Myth and Ceremony." In *Organizational Environments Ritual and Rationality*, edited by W. Meyer, B. Rowan, and T. E. Deal, 21–44. Beverly Hills, CA: Sage.

Michalson, E. 1985. "Tadiran." *Tadiran Company Magazine*, pp. 34–36

Mohney, D. 2007. "Zohar Zisapel, Founder and Chairman, the RAD Group." *VON Magazine*, May 22, pp. 21–23.

Murray, F. 2011. "The Oncomouse That Roared: Hybrid Exchange Strategies as a Source of Distinction at the Boundaries of Overlapping Institutions." *American Journal of Sociology* 116 (2): 341–388.

Naor, M. 1977. *Keshet Deruchah: Friends Tell about Moshe Kashti.* Tel Aviv: Milo.

Neck, H. M., G. D. Meyer, A. C. Cohen, and A. C. Corbett. 2004. "An Entrepreneurial System View of New Venture Creation." *Journal of Small Business Management* 42 (2): 190–208.

Nelson, R. R., and S. G. Winter. 1982. *An Evolutionary Theory of Economic Change.* Cambridge, MA: Harvard University Press.

Netanyahu, B. 2010. "Address by PM Netanyahu at the High Tech Industry Association Annual Conference." http://www.htia.co.il/images/stories/Pdf/PM_Netanyahu_HTIA_Conf.pdf.

Nonaka, I., G. Von Krogh, and S. Voelpel. 2006. "Organizational Knowledge Creation Theory: Evolutionary Paths and Future Advances." *Organization Studies* 27 (8): 1179–1208.

Phillips, D. 2002. "A Genealogical Approach to Organizational Life Chances." *Administrative Science Quarterly* 47 (3): 474–506.

———. 2005. "Organizational Genealogies and the Persistence of Gender Hierarchies: The Case of Silicon Valley Law Firms." *Administrative Science Quarterly* 50 (3): 440–472.

Piore, M. L. J., and C. F. Sabel. 1984. *The Second Industrial Divide: Possibilities for Prosperity.* New York: Basic Books.

Plunkett, M. 1958. "The Histadrut: The General Federation of Jewish Labor in Israel." *Industrial and Labor Relations Review* 11 (2): 152–155.

Podolny, J., and T. Stuart. 1995. "A Role-Based Ecology of Technological Change." *American Journal of Sociology* 100 (5): 1224–1260.

Porter, M. E. 1998. "Cluster and the New Economic of Competition." *Harvard Business Review* 76 (6): 77–90.

Powell, W. W., K. Packalen, and K. Whittington. Forthcoming. "Organizational and Institutional Genesis: The Emergence of High-Tech Clusters in the Life Sciences." In *The Emergence of Organization and Markets*, edited by J. Padgett and W. Powell, Princeton, NJ: Princeton University Press.

Powell, W. W., D. R. White, K. W. Koput, and J. Owen-Smith. 2005. "Network Dynamics and Field Evolution: The Growth of Inter-Organizational Collaboration in the Life Sciences." *American Journal of Sociology* 110 (4): 1132–1205.

Remennick, L. 2007. *Russian Jews on Three Continents: Identity, Integration, and Conflict*. New Brunswick, NJ: Transaction.

Ringer, R. C., and K. C. Strong. 1998. "Managerial Perceptions of Change at a National Laboratory." *Leadership and Organization Development Journal* 19 (1): 14–21.

Rogers, E. M., and J. Larsen. 1984. *Silicon Valley Fever: Growth of High-Technology Culture*. New York: Basic Books.

Romanelli, E., and C. B. Schoonhoven. 2001. "The Local Origin of New Firms." In *The Entrepreneurship Dynamics: Origin of Entrepreneurship and the Evolution of Industries*, edited by C. B. Schoonhoven and E. Romanelli, 40–67. Stanford, CA: Stanford University Press.

Rose, E., and K. Ito. 2005. "Widening the Family Circle: Spinoffs in the Japanese Service Sector." *Long Range Planning* 38 (1): 9–26.

Ruef, M. 2005. "Origins of Organizations: The Entrepreneurial Process." *Research in the Sociology of Work* 15: 63–100.

Sadeh, S. 1995. "The Process of Recovery of the Defense Industries." In *Discussions in National Defense*, edited by M. Arens, G. Steinberg, S. Sadeh, R. Shalom, Z. Bonen, and O. Tov, 15–29 [in Hebrew]. Ramat Gan, Israel: Begin-Sadat (BESA) Center for Strategic Studies, Bar Ilan University.

Saxenian, A. 1994. *Regional Advantage: Culture and Competition in Silicon Valley and Route 128*. Cambridge, MA: Harvard University Press.

———. 2002. "Transnational Communities and the Evolution of Global Production Networks: The Cases of Taiwan, China and India." *Industry and Innovation* 9 (3): 183–202.

———. 2006. *The New Argonauts*. Cambridge, MA: MIT Press.

Scott, W. R. 2001. *Institutions and Organizations*. Thousand Oaks, CA: Sage.

Senor, D., and S. Singer. 2009. *Start-Up Nation: The Story of Israel's Economic Miracle*. New York: Twelve.

Shafir, G., and Y. Peled. 2002. *Being Israeli: The Dynamics of Multiple Citizenship*. Cambridge: Cambridge University Press.

Shane, S. 2000. "Prior Knowledge and the Discovery of Entrepreneurial Opportunities." *Organization Science* 11 (4): 448–469.

———. 2001. "Technological Opportunities and New Firm Creation." *Management Science* 47 (2): 205–220.

Shane, S., and D. Cable. 2002. "Network Ties, Reputation, and the Financing of New Ventures." *Management Science* 48 (3): 364–381.

Shane, S., E. A. Locke, and C. J. Collins. 2003. "Entrepreneurial Motivation." *Human Resource Management Review* 13 (2): 257–279.

Shane, S., and T. Stuart. 2002. "Organizational Endowments and the Performance of University Start-Ups." *Management Science* 48 (1): 154–170.

Stahl-Rolf, S. R. 2000. "Descendance and Social Genealogies: Toward an Evolutionary Conception of Economic History." *Journal of Economic Issues* 34 (4): 891–908.

Stinchcombe, A. L. 1965. "Social Structure and Organization." In *Handbook of Organizations*, edited by J. G. March, 142–193. Chicago: Rand McNally.

———. 1968. *Constructing Social Theories*. New York: Harcourt Brace and World.

Stuart, T. E., H. Hoang, and R. Hybels. 1999. "Interorganizational Endorsements and the Performance of Entrepreneurial Ventures." *Administrative Science Quarterly* 44 (2): 315–349.

Suchman, M. C. Forthcoming. "Constructed Ecologies: Reproduction and Structuration in Emerging Organizational Communities." In *Remaking the Iron Cage: Institutional Dynamics and Processes*, edited by W. W. Powell and D. Jones. Chicago: University of Chicago Press.

Swaminathan, A. 1996. "Environmental Conditions at Founding and Organizational Mortality: A Trial-by-Fire Model." *Academy of Management Journal* 39 (5): 1350–1377.

Sydow, J., G. Schreyögg, and J. Koch. 2009. "Organizational Path Dependence: Opening the Black Box." *Academy of Management Review* 34 (4): 689–709.

Teubal, M. 1993. "The Innovation System of Israel: Description, Performance and Outstanding Issues." In *National Innovation Systems*, edited by R. Nelson, 476–502. Oxford: Oxford University Press.

———. 1996. "R&D and Technology Policy in NICs as Learning Processes." *World Development* 24 (3): 449–460.

———. 1997. "A Catalytic and Evolutionary Approach to Horizontal Technology Policies (HTPs)." *Research Policy* 25 (8): 1161–1188.

———. 2002. "What Is the Systems Perspective to Innovation and Technology Policy (ITP) and How Can We Apply It to Developing and Newly Industrialized Economies?" *Journal of Evolutionary Economics* 12 (1/2): 233–257.

Teubal, M., and E. Andersen. 2000. "Enterprise Restructuring and Embeddedness: A Policy and Systems Perspective." *Industrial and Corporate Change* 9 (1): 87–111.

Thompson, J. D. 1967. *Organizations in Action*. New York: McGraw-Hill.

Timor, E. 1997a. "It All Started in Boston." *Globes*, April 16.

———. 1997b. "What an Optical Illusion Can Do." *Globes*, April 16.

Trachtenberg, M. 2001. "Innovation in Israel 1968–1997: A Comparative Analysis Using Patent Data." *Research Policy* 30 (3): 363–389.

Tucker, D. J., J. V. Singh, and A. G. Meinhardt. 1990. "Founding Characteristics, Imprinting and Organizational Change." In *Organizational Evolution: New Direction*, edited by V. Singh, 182–200. Newbury Park, CA: Sage.

Tushman, M. L., and P. Anderson. 1986. "Technological Discontinuities and Organizational Environments." *Administrative Science Quarterly* 31 (3): 439–465.

Vergne, J., and R. Durand. 2010. "The Missing Link between the Theory and Empirics of Path Dependence: Conceptual Clarification, Testability Issue, and Methodological Implications." *Journal of Management Studies* 47 (4): 736–759.

Wasserman, N. 2012. *The Founder's Dilemmas: Anticipating and Avoiding the Pitfalls That Can Sink a Startup*. Princeton, NJ: Princeton University Press.

Weidenbaum, M., and S. Hughes. 1996. *The Bamboo Network*. New York: Free Press.

Wiewel, W., and A. Hunter. 1985. "The Inter-Organizational Network as a Resource: A Comparative Case Study on Organizational Genesis." *Administrative Science Quarterly* 30 (4): 482–496.

Winter, S. G. 1984. "Schumpeterian Competition in Alternative Technological Regimes." *Journal of Economic Behavior and Organization* 5 (3/4): 287–320.

Wylie, C. 2011 "Vision in Venture: Israel's High Tech Incubator Program." *Cell Cycle* 10 (6): 855–858.

Yaar-Yuchtman, E., and Y. Shavit. 2001. *Trends in the Israeli Society*. Tel Aviv: Open University.

Yerushalmi, S. 2002. "Incubators in Israel: Ten Years of Experience." *International Journal of Entrepreneurship and Innovation* 3 (4): 295–299.

Yona, A. 2006. *Mission with No Traces*. Englewood, NJ: Devora.

Zilber, T. 2006. "The Work of the Symbolic in Institutional Processes: Translations of Rational Myths in Israeli High-Tech." *Academy of Management Journal* 49 (2): 281–303.

———. 2007. "Stories and the Discursive Dynamics of Institutional Entrepreneurship: The Case of Israeli High-Tech after the Bubble." *Organization Studies* 28 (7): 1035–1054.

———. 2011. "Institutional Multiplicity in Practice: A Tale of Two High-Tech Conferences in Israel." *Organization Science* 22 (6): 1539–1559.

索 引

（斜体页码指内容在图表中。
本索引中数字指英文版页码，即中文版边码。）

图书在版编目(CIP)数据

创新的族谱:以色列新兴产业的演进/(以)伊斯雷尔·德罗里(Israel Drori),(以)塞缪尔·埃利斯(Shmuel Ellis),(以)祖尔·夏皮拉(Zur Shapira)著;龚雅静译. —上海:上海社会科学院出版社,2016

书名原文:The Evolution of A New Industry

ISBN 978-7-5520-1643-7

Ⅰ.①创… Ⅱ.①伊… ②塞… ③祖… ④龚… Ⅲ.①新兴产业-研究-以色列 Ⅳ.①F269.382.4

中国版本图书馆 CIP 数据核字(2016)第 279941 号

THE EVOLUTION OF A NEW INDUSTRY: A GENEALOGICAL APPROACH by Israel Drori, Shmuel Ellis, and Zur Shapira published in English by Stanford University Press.

Copyright © 2013 by the Board of Trustees of the Leland Stanford Junior University. All rights reserved. This translation is published by arrangement with Stanford University Press, www. sup. org.

上海市版权局著作权合同登记号 图字:09-2016-394

创新的族谱——以色列新兴产业的演进

著　　者:伊斯雷尔·德罗里、塞缪尔·埃利斯、祖尔·夏皮拉
责任编辑:唐云松
特约编辑:徐美洁
封面设计:周清华
出版发行:上海社会科学院出版社
　　　　　上海顺昌路 622 号　邮编 200025
　　　　　电话总机 021-63315900　销售热线 021-53063735
　　　　　http://www.sassp.org.cn　E-mail:sassp@sass.org.cn
排　　版:南京展望文化发展有限公司
印　　刷:常熟市人民印刷有限公司
开　　本:710×1010 毫米　1/16 开
印　　张:14.25
字　　数:182 千字
版　　次:2017 年 7 月第 1 版　　2017 年 7 月第 1 次印刷

ISBN 978-7-5520-1643-7/F·460　　　　　定价:88.00 元